中国证券监督管理委员会

China Securities Regulatory Commission

中国证券监督管理委员会　编著

年报 2015 ANNUAL REPORT

中国财经出版传媒集团
中国财政经济出版社

图书在版编目（CIP）数据

中国证券监督管理委员会年报.2015：汉英对照／中国证券监督管理委员会编. —北京：中国财政经济出版社，2016.8
ISBN 978-7-5095-6793-7

I.①中… II.①中… III.①证券交易-金融监管-中国-2015-年报-汉、英 IV.①F832.51-54

中国版本图书馆CIP数据核字（2016）第133351号

责任编辑：胡懿　　　　责任校对：徐艳丽
封面及版式设计：凸版快捷财经印刷有限公司

中国财政经济出版社出版
URL: http://www.cfeph.cn
Email: cfeph @ cfeph.cn

社址：北京市海淀区阜成路甲28号　邮政编码：100142
北京地大天成印务有限公司印刷　各地新华书店经销
787毫米×1092毫米　16开　13印张　400 000字
2016年8月第1版　2016年8月北京第1次印刷
定价：80.00元
ISBN 978-7-5095-6793-7/F · 5465
（图书出现印装问题，本社负责调换）
本社质量投诉电话：010 - 88190744
打击盗版举报热线：010 - 88190492

目录Contents

强化市场法治

投资者权益保护

对外开放

附录

附表

联系方式

后记

主席致辞

2015年，中国证券监督管理委员会（以下简称中国证监会）深入贯彻党的十八大和十八届三中、四中、五中全会，中央经济工作会议及《政府工作报告》精神，紧紧围绕服务实体经济，简政放权、放管结合、优化服务，深化改革，夯实基础制度，加强监管执法，切实防范和化解风险，资本市场建设各项工作取得新进展。

推进多层次资本市场建设

壮大交易所股票市场。完善现行新股发行制度，简化发行条件，取消新股申购预先缴款制度，允许发行量2 000万股以下的小盘股直接定价发行，建立保荐机构先行赔付制度和摊薄即期回报补偿机制。完善发行上市审核制度，优化再融资审核流程，对运作规范、市场表现良好的上市公司实施快速审核机制。改进发审委审核制度，简化问询环节。完善并购重组配套融资政策。实行并购重组分行业审核和并联审批。推进优先股试点。2015年，沪深两市共有219家企业实现普通股首发，普通股首发融资和再融资额共1.44万亿元；优先股融资2 036.50亿元；上市公司并购重组交易总金额约2.2万亿元。

加快发展"新三板"。进一步提高"新三板"企业挂牌、股票发行和并购重组审查效率，增强市场融资功能。推进实施全国股转系统内部分层和差异化管理。全年新增挂牌公司3 557家，融资1 216.17亿元。

规范发展区域性股权市场。研究制定区域性股权市场监督管理试行办法，明确区域性股权市场的基本定位、监管底线、市场规则等。截至2015年底，37家区域性股权市场共有挂牌股份公司3 375家，展示企业4.15万家，累计为企业实现各类融资4 330亿元。

推进交易所债券市场改革发展。加强债券市场基础性制度建设，修订发布公司债券发行与交易管理办法及配套规则，完善覆盖所有公司制法人的公司债券发行和交易体系。拓宽资产证券化基础资产类型。推进上市公司股东发行可交换公司债券试点。开展全民所有制企业发行公司债券试点。大力推动债券市场品种创新，实实在在帮助企业降低融资成本。全年交易所市场共发行债券2.16万亿元，发行资产支持证券2 100亿元。

拓展期货及衍生品市场服务功能。启动上证50ETF期权交易试点，开展10年期国债期货、上证50和中证500股指期货交易，推出锡和镍期货品种，推进原油期货上市各项准备工作，启动"保险+期货"、"保险+期货+银行"等试点，为服务"三农"进行了有效探索。期货上市品种总数达到52个，商品期货市场成交量连续多年位居世界前列，期货市场功能得到了进一步发挥。

深化行政审批制度改革

全年取消12项行政审批事项，包括8项行政许可审批和4项非行政许可审批事项。本届政府成立以来，中国证监会累计已取消27项和4项中的部分情形，取消比例达到40%。完成备案类事项清理工作，全年取消调整155项备案类事项，其中取消151项，调整4项。完成基金公司、期货公司、证券金融公司3项设立审批事项的工商登记前置审批调整为后置审批。组织开展清理规范行政审批相关中介服务工作。规范行政审批行为，编制服务指南并制定审查工作细则，明确审批各环节具体要求，约束自由裁量权。加大行政审批公开力度，对首次公开发行股票、再融资、并购重组以及公开发行公司债券审核中的意见全部公开。全年主动公开信息6 329件，办理依申请公开信息408件。

完善法制加强监管

强化资本市场法治诚信建设。配合有关单位做好证券法修订、期货法制定、上市公司监督管理条例及私募投资基金管理暂行条例制定工作。完善规章、规范性文件起草审查制定工作机制。推进资本市场法律实施规范体系建设，全年共出台规章12件、规范性文件30件，集中清理规章、规范性文件35件。建立对上市公司等责任主体违法失信部际联合惩戒机制。加强政务公开和舆论宣传，深入推进信息公开，不断提高市场透明度。

建立健全事中事后监管机制。优化信息披露监管制度，实施上市公司分行业监管试点，稳妥有序完善退市制度。加强非上市公众公司监管。完善债券市场风险防控机制。以问题和风险为导向对证券期货经营机构及其从业人员开展专项检查，强化对私募基金的监管执法和自律管理服务。

强化稽查执法，严厉打击违法违规行为。完成"两加强、两遏制"专项检查、场外配资专项核查。开展"2015证监法网专项执法行动"，稽查执法威慑力显著增强。全年共对767个机构和个人做出行政处罚决定或行政处罚事先告知，涉及罚没款金额54亿余元，超过前10年罚没款总和的1.5倍。

扩大资本市场双向开放

推进境外上市审批制度改革，推进境内企业以优先股、可转债等创新方式在境外融资，全年共核准69家境内企业境外首发和再融资申请，融资454亿美元。推动内地与香港地区基金产品实现互认，完成首批互认基金的产品注册。稳步推进合格境外机构投资者(QFII)资格审批，扩大人民币合格境外机构投资者(RQFII)试点机构范围至瑞士等16个国家和地区，总投资额度超1.21万亿元。支持上海自贸区金融开放试点，支持广东、天津、福建自贸区建设。启动内地与港澳合资证券公司、合资证券投资咨询机构设立审批。启动境外企业发行人民币债试点。积极稳妥推动资本市场双向开放，促进监管跨境合作与交流。

努力防范和化解金融风险

2015年A股市场发生了异常波动。在党中央、国务院的坚强领导下，各有关部门密切协同、综合施策，遵循市场规律，依法打好"组合拳"，防范和化解了可能产生的系统性金融风险。一是适度调节供求关系。支持上市公司及其大股东采取措施维护其公司股票价值的合理水平。支持证券经营机构扩大自营业务。二是完善市场规制。适时修订证券公司融资融券管理办法，修改融券交易还券时间规则，扩大证券公司融资渠道，完善股指期货交易规则体系，加强程序化交易管理，改革股票发行制度。三是依法打击各类破坏市场秩序的非法行为。指导证券公司规范信息系统外部接入行为，严格落实账户实名制。严厉查办内幕交易、市场操纵等违法违规行为。四是引导预期稳定市场。及时研判股市舆情，做好股市异常波动期间新闻发布和政策解读工作，主动发声，回应关切，增信释疑，稳定市场信心。

2016年是"十三五"规划和全面建成小康社会决胜阶段的开局之年。中国证监会将深刻领会"创新、协调、绿色、开放、共享"五大发展理念，深入贯彻党中央、国务院关于资本市场的决策部署，认真扎实开展"两学一做"学习教育，推进证监会系统全面从严治党和加强党的建设。坚持把各项工作放在党和国家战略全局中思考谋划；坚持"依法监管、从严监管、全面监管"；坚持"稳定市场、修复市场、建设市场"相结合。振奋精神、主动作为、锐意进取。一是夯实市场法治基础，加强监管执法能力建设，严厉打击各类证券期货违法犯罪行为，切实保护投资者特别是中小投资者的合法权益，完善风险监测预警和防控体系建设，牢牢守住不发生系统性风险的底线。二是立足服务实体经济的本质要求，加快建设多层次资本市场体系，大力提高直接融资比重。着力拓展市场体系的广度、深度，逐步丰富市场层次、产品与交易机制，大力推动股票、债券、期货衍生品和其他资本市场工具健康发展，着力强化市场主体质量和服务能力建设，夯实市场健康发展的微观基础。从源头上提高上市公司质量，培育打造一流投资银行和现代资产管理机构，进一步拓宽资本市场长期资金来源。三是围绕中心、服务大局，促进"三去一降一补"，助推供给侧结构性改革。深入推进简政放权、放管结合、优化服务，完善多层次股权市场投融资机制，扩大资本市场覆盖面和包容度，着力服务"双创"，降低企业杠杆率和融资成本。支持国有企业改革，推动资本市场改革与国有企业改革的有机衔接，提高上市公司质量。提高上市公司并购重组效率，助力产能化解和存量盘活；完善上市公司退市制度，推动僵尸企业出清。四是着力深化资本市场双向开放，增强我国资本市场在开放条件下的国际竞争力，充分利用好境内外两个市场、两种资源。通过抓好这些重点工作，加快形成融资功能完备、基础制度扎实、市场监管有效、投资者权益得到充分保护的股票市场，努力培育公开透明、长期稳定健康发展的多层次资本市场，更好地服务于"五位一体"总体布局、"四个全面"战略布局，为全面建成小康社会、实现中华民族伟大复兴的中国梦做出更大贡献！

中国证券监督管理委员会主席 

中国证监会简介

- 监管架构
- 管理层
- 组织架构
- 国际顾问委员会
- 经费来源
- 人力资源

中国证券监督管理委员会（以下简称中国证监会）成立于1992年10月，是国务院直属正部级事业单位，2006年被批准参照《中华人民共和国公务员法》管理。中国证监会依照相关法律法规和国务院授权，统一监督管理全国证券期货市场，维护证券期货市场秩序，保障其合法运行。

监管架构

中国证监会总部设于北京，内设20个职能部门①、4个直属事业单位和中央纪委驻中国证监会纪检组（原纪委监察局），在各省（自治区、直辖市和计划单列市）设有38个派出机构（见图1–1），并管理19个系统单位。中国证监会会机关、派出机构和系统单位共同构成了统一有序的全国证券期货监管体系。

中国证监会会机关负责制定、修改和完善证券期货市场规章规则，拟定市场发展规划，办理重大审核事项，指导协调风险处置，组织查处证券期货市场重大违法违规案件，指导、检查、督促和协调系统监管工作。

派出机构负责辖区内的一线监管工作，主要职责是：根据法律、行政法规规定及中国证监会的授权开展行政许可相关工作，对辖区内上市公司、证券期货经营机构、证券期货投资咨询机构和从事证券业务的律师事务所、会计师事务所、资产评估机构等中介机构的证券期货业务活动进行监督管理；负责辖区内风险防范与处置；查处辖区内的违法违规案件；开展辖区内投资者教育与保护工作。

各证券和期货交易所、中国证券登记结算有限责任公司（以下简称中国结算）、中国证券投资者保护基金有限责任公司（以下简称投保基金公司）、中国证券金融股份有限公司（以下简称中证金融）、中国期货市场监控中心有限责任公司（以下简称中国期货监控）、中证资本市场运行统计监测中心有限责任公司（以下简称中证监测）、全国中小企业股份转让系统有限责任公司（以下简称全国股转公司）、中国证券业协会（以下简称证券业协会）、中国期货业协会（以下简称期货业协会）、中国上市公司协会（以下简称上市公司协会）、中国证券投资基金业协会（以下简称基金业协会）等机构，对其会员（或参与人、上市公司、挂牌公司）及证券期货交易活动进行一线监管和自律监管。这些一线监管和自律监管构成证券期货监管活动的有效补充。

① 中国证监会内设机构的工作职责请参见中国证监会网站(www.csrc.gov.cn)。

管理层①

刘士余
主　席

王会民
中央纪委驻会纪检组组长

姜　洋
副主席

李　超
副主席

方星海
副主席

赵争平
副主席

黄　炜
主席助理

宣昌能
主席助理

① 中国证监会主席刘士余，自2016年2月19日起担任中国证监会主席职务；
中国证监会副主席李超，自2015年9月5日起担任中国证监会副主席职务；
中国证监会副主席方星海，自2015年10月24日起担任中国证监会副主席职务；
中国证监会副主席赵争平，自2016年5月23日起担任中国证监会副主席职务；
中国证监会主席助理黄炜，自2015年2月17日起担任中国证监会主席助理职务；
中国证监会主席助理宣昌能，自2016年8月26日起担任中国证监会主席助理职务。

组织架构

图1–1　中国证监会组织架构图

注：另有中央纪委驻中国证监会纪检组。

国际顾问委员会

国际顾问委员会(以下简称顾委会)是中国证监会的专家咨询机构，于2004年6月经国务院批准设立，由境内外前任金融监管官员、金融机构知名人士及专家学者组成。顾委会每年召开一次会议，针对中国证券期货市场的发展情况，介绍国际市场的最新动态及监管经验，为中国证监会提供咨询意见和建议，对中国证监会汲取国际经验、加强国际交流、推动资本市场的对外开放和健康发展起到了积极的促进作用。顾委会设主席、副主席各1人，现有委员22人(见表1–1)。

表1–1 国际顾问委员会人员组成

主席	
• 霍华德·戴维斯(Howard DAVIES)	苏格兰皇家银行主席、伦敦政治经济学院前院长、英国金融服务局前主席
副主席	
• 史美伦(Laura M. CHA)	中国证监会前副主席、香港证监会前副主席
委员(按英文姓氏首字母排列)	
• 白泰德(Thaddeus T. BECZAK)	香港证监会前咨询委员会委员、华兴资本副主席
• 陈志武(Zhiwu CHEN)	耶鲁大学金融学教授、清华大学访问教授
• 戴立宁(Linin DAY)	台湾地区金融监督管理机构前负责人
• 戴彼得(Peter J. DEY)	加拿大安大略省证监会前主席、摩根士丹利加拿大公司前主席
• 简·迪普洛克(Jane DIPLOCK)	新西兰证监会前主席、国际证监会组织前执委会主席
• 威廉·唐纳德森(William DONALDSON)	美国证监会前主席、纽约证券交易所前董事长兼首席执行官
• 阿米尼奥·弗拉加(Arminio FRAGA)	巴西央行前行长、Gávea Investimentos投资公司创始人
• 何晶(Ching HO)	淡马锡执行董事兼首席执行官

续表

• 张夏成 (Hasung JANG)	韩国高丽大学商学院前院长、金融学教授
• 鲁本 · 杰弗瑞 (Reuben JEFFERY)	美国商品期货交易委员会前主席、美国联邦政府前副国务卿、洛克菲勒公司总裁兼首席执行官
• 亨利 · 克拉维斯 (Henry R. KRAVIS)	KKR 联合主席兼联合首席执行官
• 里奥 · 梅拉梅德 (Leo MELAMED)	芝加哥商业交易所集团终身荣誉主席
• 梁定邦 (Anthony F. NEOH)	中国证监会前首席顾问、香港证监会前主席
• 米歇尔 · 普拉达 (Michel PRADA)	法国金融监管局前主席、国际证监会组织前执委会和技术委员会主席、国际财务报告准则基金会受托人主席
• 齐藤惇 (Atsushi SAITO)	日本交易所集团前首席执行官
• 沈联涛 (Andrew SHENG)	香港金融监管局前副总裁、香港证监会前主席、香港新智库经纶国际经济研究院前院长
• 约翰 · 桑顿 (John L. THORNTON)	高盛集团前总裁兼联合首席运营官、汇丰控股有限公司前董事、清华大学教授
• 约翰 · 威德斯沃思 (John S. WADSWORTH)	摩根士丹利亚洲公司荣誉主席
• 王江 (Jiang WANG)	麻省理工学院斯隆管理学院金融学教授、上海交通大学上海高级金融学院院长
• 张为国 (Weiguo ZHANG)	中国证监会前首席会计师、会计部主任、国际合作部主任，国际会计准则委员会专职委员
• 郑学勤 (Eugene ZHENG)	芝加哥期权交易所集团公司前高级董事总经理
• 周忠惠 (Zhonghui ZHOU)	中国证监会前首席会计师、普华永道会计师事务所资深合伙人

经费来源

目前，中国证监会经费收支全部纳入国家财政预算内管理，证券期货市场监管费不属于中国证监会收入，而是直接上缴国库。中国证监会的经费支出完全由预算内拨款。

人力资源

截至2015年底，中国证监会工作人员共3 097人，其中，会机关730人，派出机构2 367人，占比分别为23.6%和76.4%。会机关和派出机构人员的平均年龄36.6岁。

资本市场发展情况

- 推进多层次股权市场建设
- 推进交易所债券市场改革发展
- 拓展期货及衍生品市场服务功能
- 促进证券期货经营机构和私募基金健康发展

推进多层次股权市场建设

壮大交易所股票市场

53.15万亿元

沪深两市总市值 53.15 万亿元

股票市场规模。截至2015年底，沪深两市上市公司2 827家（见图2–1），全年新增214家。其中，主板1 559家，中小企业板776家，创业板492家。沪深两市总市值53.15万亿元，流通市值41.79万亿元，同比分别增加42.68%和32.41%；流通市值占总市值的78.63%，同比下降6.09个百分点。沪深两市总市值占2015年国内生产总值(GDP)的78.54%（见图2–2），居全球第二位，仅次于美国（见表2–1）。

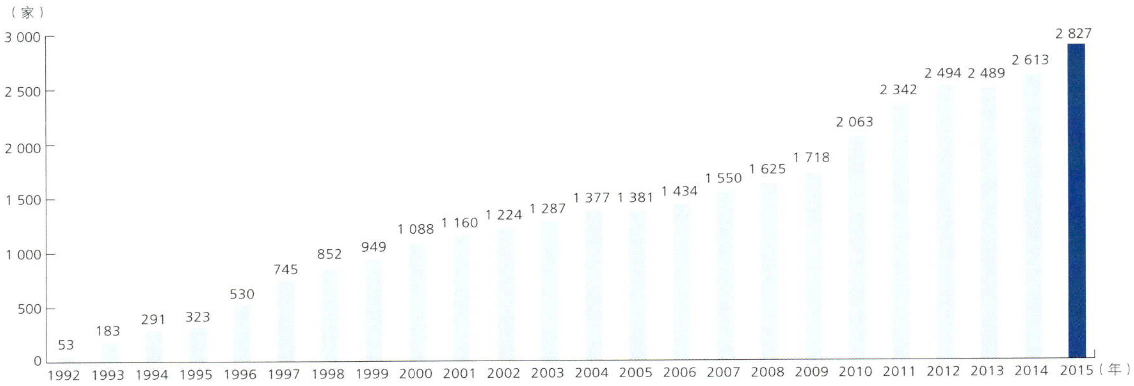

图2–1　中国境内上市公司家数年度变化（1992~2015年）

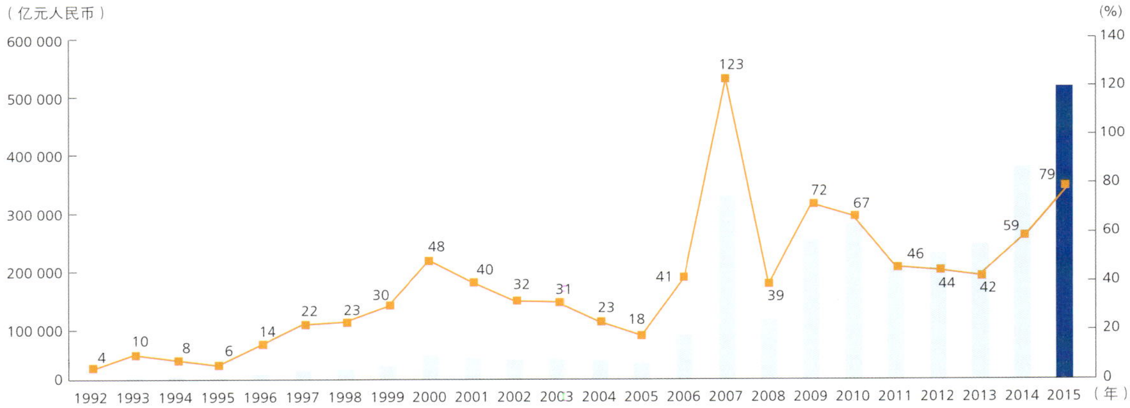

图2–2　沪深两市股票总市值与GDP比值变化（1992~2015年）

资料来源：上海证券交易所、深圳证券交易所。

表2–1　　2015年底世界交易所市值排名表

国家或地区排名

排名	国家或地区名称	所属区域	交易所市值（亿美元）
1	美国	北美洲	250 675
2	中国	亚洲	81 880
3	日本	亚洲	48 949
4	法国	欧洲	33 059
5	中国香港	亚洲	31 849
6	德国	欧洲	17 158
7	加拿大	北美洲	15 919
8	瑞士	欧洲	15 193
9	印度	亚洲	14 851
10	瑞典	欧洲	12 680

交易所排名

名次	中文名称	交易所市值（亿美元）
1	纽约泛欧证券交易所（美国）	177 868
2	纳斯达克证券交易所	72 808
3	日本交易所集团	48 949
4	上海证券交易所	45 493
5	深圳证券交易所	36 387
6	纽约泛欧证券交所（欧洲）	33 059
7	香港证券交易所	31 849
8	法兰克福证券交易所	17 158
9	多伦多证券交易所集团	15 919
10	瑞士证券交易所	15 193

资料来源：世界交易所联合会。

股票发行概况。2015年，沪深两市发行A股[1]股票219只，合计融资14 351.01亿元（见图2–3），同比增长92.15%，其中首发融资1 578.08亿元，定向增发（现金认购）融资6 680.63亿元，定向增发（资产认购）融资6 055.87亿元，配股融资36.43亿元。再融资金额同比增长87.85%。

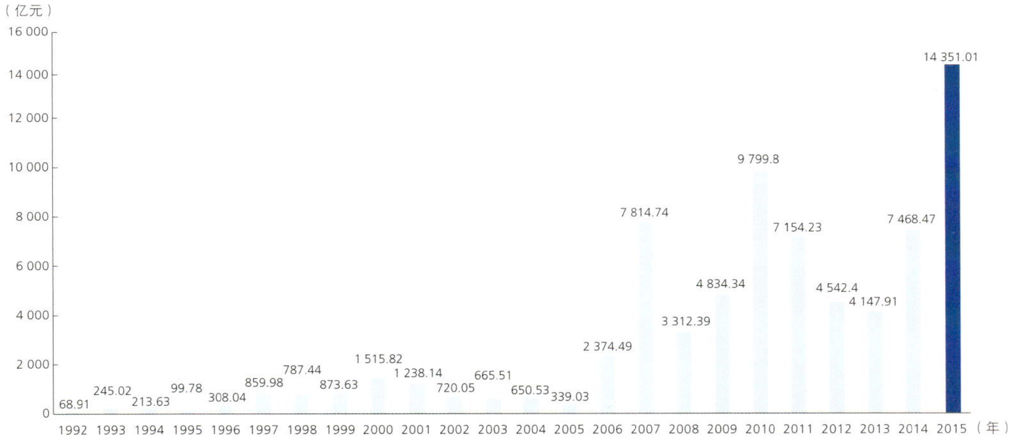

图2–3　A股市场历年融资额情况（1992~2015年）

资料来源：上海证券交易所、深圳证券交易所。

此处A股融资额指通过IPO、增发（公开增发、定向增发现金及资产认购）、配股、权证行权等方式发行A股筹集的资金。

① A股又称人民币普通股票，由中国境内公司发行，供境内机构、组织和个人（从2013年4月1日起，境内港、澳、台居民可开立A股账户）以人民币认购和交易的普通股股票。

股票交易概况。2015年，上证综指上涨9.41%，深证综指上涨63.15%（见图2–4）。其中，年初至6月12日，上证综指和深证综指分别上涨59.72%和121.92%；6月15日至8月26日从高位急速下跌，上证综指和深证综指跌幅分别达43.34%和46.01%；8月27日至年底逐步回升，上证综指和深证综指分别上涨20.90%和36.16%。全年上证综指振幅达71.95%。沪深两市日均成交金额为1.05万亿元，较2014年增加7 416.65亿元，增幅为244.26%（见图2–5）；沪市和深市股票换手率同比提高214.71个百分点和468.09个百分点。单日成交金额最高达到2.36万亿元。

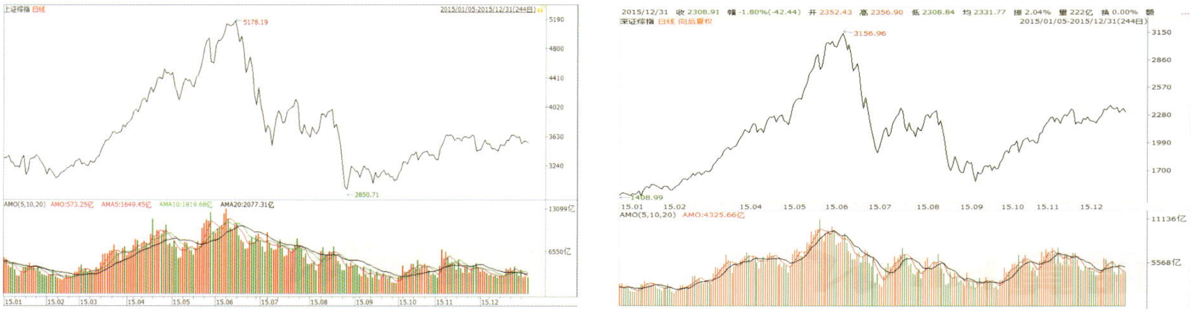

图2–4　2015年上证综指与深证综指走势图

资料来源：Wind资讯。

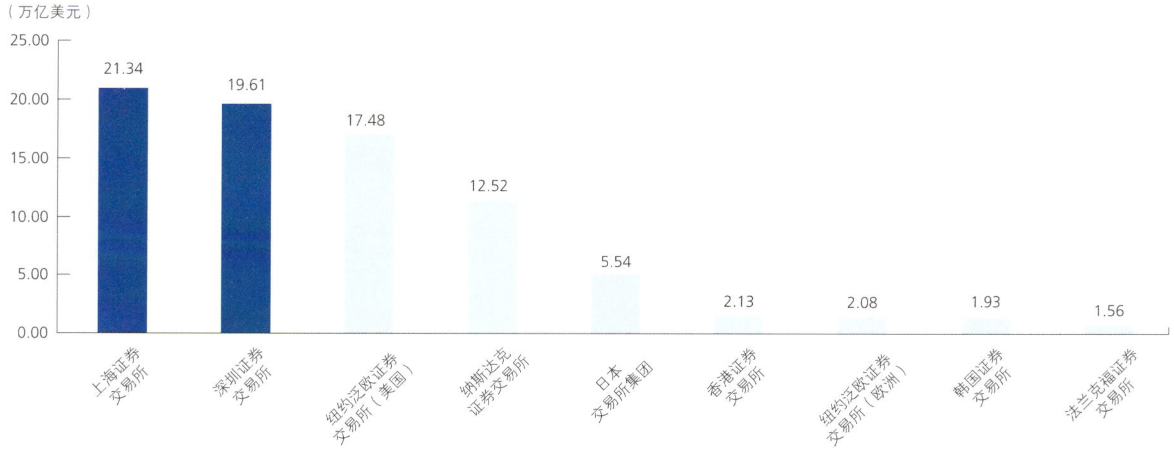

图2–5　2015年各交易所股票交易额

资料来源：世界交易所联合会。

股票市场投资者情况。截至2015年底，投资者数量为9 910.53万户，增长35.87%。截至2015年底，专业机构持有已上市流通A股市值的14.26%（见表2–2、图2–6），同比上升0.04个百分点；自然人持有已上市流通A股市值的29.82%，同比上升4.79个百分点；一般机构持有已上市流通A股市值的55.92%，同比下降4.83个百分点。

2015年，沪深两市股票总成交金额255.05万亿元，同比增长242.86%。其中，A股专业机构投资者成交占比为10.69%；自然人成交占比为87.18%；一般机构成交占比为1.82%；沪股通成交占比为0.31%。2015年，专业机构净卖出A股11 474.18亿元；自然人净卖出A股784.99亿元；一般机构净买入A股11 793.74亿元；沪股通净买入A股465.43亿元。

255.05万亿元

沪深两市股票总成交金额 255.05 万亿元

表2–2　　2015年专业机构投资者持有流通A股占比变化情况

时间	证券投资基金(%)	基金公司专户理财产品(%)	社保基金(%)	QFII(含RQFII)(%)	保险类投资者(%)	信托类投资者(%)	企业年金(%)	证券公司	
								自营(%)	集合理财(%)
2014年12月	4.79	0.61	1.17	1.71	3.87	1.37	0.14	0.31	0.23
2015年1月	4.70	0.66	1.16	1.54	3.96	1.46	0.16	0.33	0.24
2015年2月	4.91	0.73	1.16	1.57	3.88	1.56	0.17	0.40	0.26
2015年3月	4.73	0.76	1.14	1.47	3.52	1.60	0.20	0.40	0.26
2015年4月	4.51	0.80	1.08	1.33	3.16	1.74	0.20	0.37	0.24
2015年5月	4.98	0.94	1.09	1.29	2.93	2.02	0.22	0.44	0.27
2015年6月	4.70	0.89	1.04	1.25	2.88	1.91	0.20	0.38	0.25
2015年7月	4.17	2.58	1.07	1.14	2.94	1.37	0.14	0.46	0.20
2015年8月	4.22	2.69	1.09	1.12	3.10	1.18	0.13	0.46	0.20
2015年9月	4.32	3.13	1.11	1.12	3.26	0.98	0.12	0.47	0.21
2015年10月	4.40	3.05	1.09	1.12	3.06	0.92	0.13	0.47	0.23
2015年11月	4.43	2.72	1.08	1.07	3.06	0.91	0.14	0.45	0.25
2015年12月	4.54	2.48	1.10	1.08	3.33	0.91	0.15	0.39	0.28

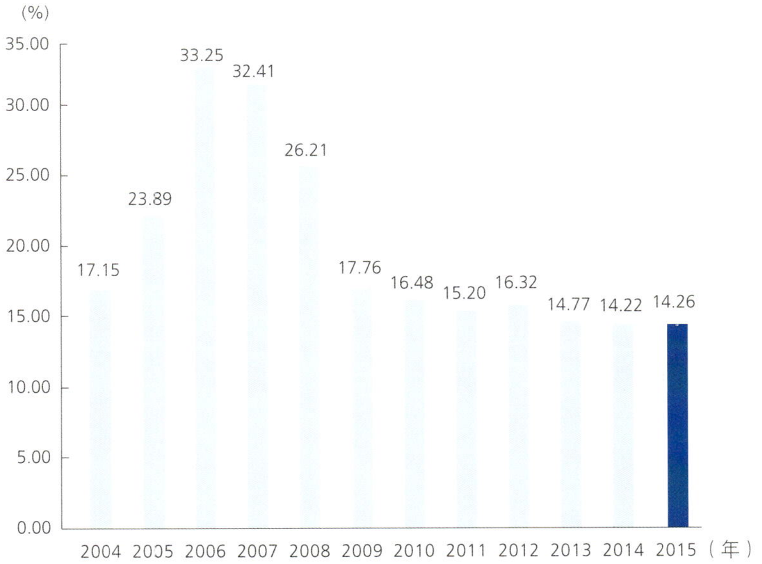

图2–6　历年专业机构投资者持流通A股市值占比情况

资料来源：中国证券登记结算有限责任公司。

2 669单

全年上市公司发生并购重组交易 2 669 单

完善股票发行制度。修订《证券发行与承销管理办法》，简化发行条件，取消新股申购预先缴款制度，允许发行量2 000万股以下的小盘股直接定价发行，建立保荐机构先行赔付制度和摊薄即期回报补偿机制。完善发行上市审核制度，优化再融资审核流程，对优质上市公司实施快速审核机制。改进发审委审核制度，简化问询环节，将部分基于审慎性监管要求的发行条件调整为信息披露要求。推进优先股试点。

优化并购重组市场环境。完善并购重组配套融资政策，将配套融资比重的上限由交易金额25%提升为交易标的作价100%。实行分行业、分交易类型的差异化审核。推动有关部门完善并购重组税收政策，降低企业兼并所得税特殊税务处理适用标准，允许兼并重组个人所得税实行递延纳税。实施外国投资者战略投资与并购重组并联审批。完善并购重组中介服务体系，强化中介服务机构执业质量评价约束。全年上市公司发生并购重组交易2 669单（见图2–7），交易金额2.20万亿元，其中制造业、批发和零售业、房地产业、软件和信息技术服务业并购重组单数合计占比82%；并购重组配套融资金额2 080.95亿元，是2014年全年配套融资额534.97亿元的3.88倍。

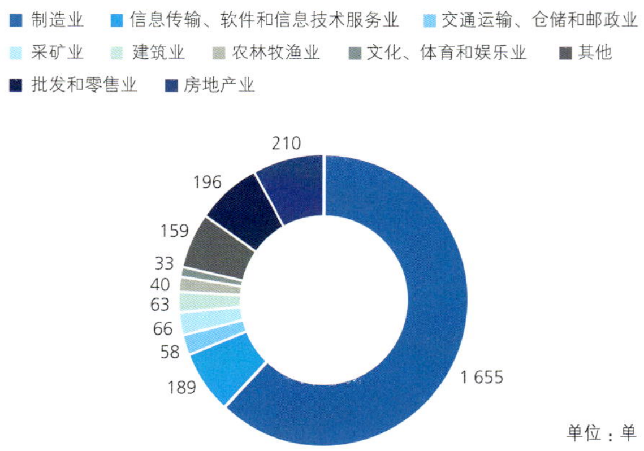

图2–7　2015年上市公司并购重组单数分行业情况

资料来源：上海证券交易所、深圳证券交易所。

推进退市制度改革。严格执行退市新规，退市公司数量增加，类型不断丰富。全年共实现主动退市1家，进入重大违法退市程序1家，财务指标强制退市2家。其中，*ST二重成为首家通过股东大会自主决策实施主动退市的公司，为市场化退市开辟了新路径。*ST博元、*ST新都2家公司实施暂停上市。其中，*ST博元因涉嫌违规披露、不披露重要信息罪，以及伪造、变造金融票证罪被移送公安机关，是资本市场首家因涉嫌重大违法暂停上市的公司。

加快发展全国股转系统

市场规模。截至2015年底，全国中小企业股份转让系统（以下简称全国股转系统）挂牌公司合计5 129家，总市值约2.46万亿元（见表2–3）。全年新增挂牌公司3 557家。挂牌公司覆盖31个省、市、自治区，涉及18个行业门类（见图2–8）。其中，先进制造业和信息传输、软件、信息技术服务类中小微企业占比73.29%。

表2–3　　全国股转系统规模变化情况

	2015年	2014年	同比增长
挂牌公司家数	5 129家	1 572家	226.27%
总股本	2 959.51亿股	658.35亿股	349.53%
总市值	24 584.42亿元	4 591.42亿元	435.44%
发行次数	2 565次	329次	679.64%
发行股数	230.79亿股	26.52亿股	770.25%
融资金额	1 216.17亿元	132.09亿元	820.71%
成交金额	1 910.62亿元	130.36亿元	1 365.65%
成交数量	278.91亿股	22.82亿股	1 122.22%
换手率	53.88%	19.67%	173.92%
市盈率	47.23倍	35.27倍	33.91%
机构投资者	22 717户	4 695户	383.86%
个人投资者	198 625户	43 980户	351.63%

图2–8　全国股转系统挂牌公司行业分类

资料来源：全国中小企业股份转让系统。

1 216.17亿元

合计融资 1 216.17 亿元

发行概况。2015年，共有1 887家挂牌公司完成2 565次发行，分别是2014年的6.5倍和7.8倍；合计融资1 216.17亿元，是2014年的9.21倍，平均单笔融资额4 741.40万元。非金融企业股票发行2 523次，融资825.50亿元，分别占全市场的98%和68%。

投资者情况。截至2015年底，投资者账户数合计20.38万户，为2014年底的4.19倍，其中合格投资者11.32万户，为2014年底的7.6倍。

完善市场制度。2015年11月，《关于进一步推进全国中小企业股份转让系统发展的若干意见》发布，首次对全国股转系统提出框架性指导意见。进一步提高全国股转系统企业挂牌、股票发行和并购重组的审查效率，增强市场融资功能。推进实施全国股转系统内部分层和差异化管理。稳步推进市场指数体系建设，2015年3月正式上线全国中小企业股份转让系统成分指数和全国中小企业股份转让系统做市成分指数。发布实施优先股业务指引。上线运行电子化信息披露系统，完善信息共享机制。

推进交易所债券市场改革发展

基本情况

市场规模。截至2015年底，交易所市场债券托管面值39 735亿元，同比增长53%（见图2–9）；交易所债券现货托管市值39 537亿元，同比增长49%。交易所债券市场现货交易品种4 578只，同比增长51%。其中，国债223只，地方政府债171只，政策性金融债2只，企业债1 692只，公司债2 483只，可转债6只，可分离债1只。

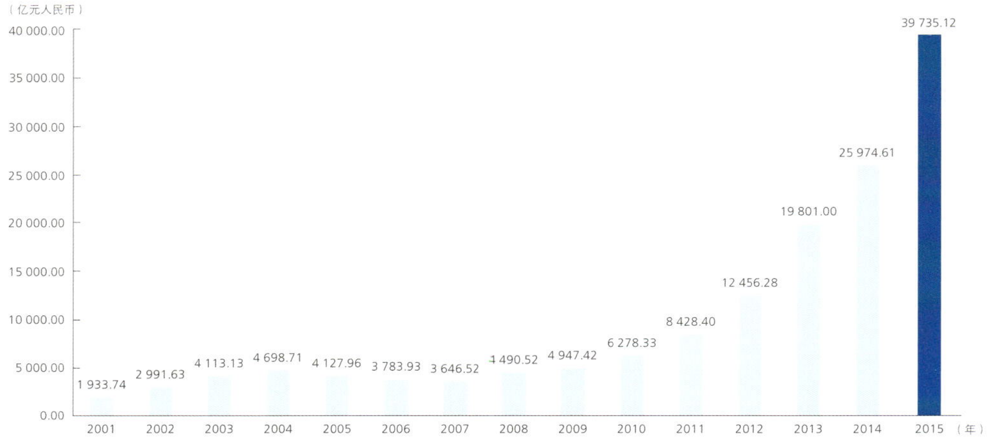

图2–9　交易所债券市场历年托管面值

资料来源：中国证券登记结算有限责任公司。

融资情况。按发行起始日统计，2015年交易所市场发行债券1 102只，筹资21 621.74亿元，扣除本年兑付本金外合计净筹资18 358.71亿元。其中，公司债1 094只，筹资21 425.74亿元，净筹资18 247.96亿元；可转债3只，筹资98.00亿元，净筹资42.75亿元；可分离债全年无发行，本金兑付30.00亿元，净筹资-30.00亿元；可交换债5只，筹资98.00亿元，净筹资98.00亿元。

2015年，全市场发行资产证券化产品205只，融资金额2 100亿元，发行规模超过试点前10年总和（35只、700亿元），有效拓展了直接融资渠道。

34 261.14亿元

交易所债券市场现货成交金额 34 261.14 亿元

交易情况。2015年，交易所债券市场现货成交金额34 261.14亿元（见表2–4），同比增长21.94%；回购成交金额128.21万亿元，同比增长41.33%。

表2–4　　2015年交易所各债券品种现货成交金额

债券类型	2015年（亿元）	2014年（亿元）	增幅(%)
政府债	4 347.63	1 260.27	244.98
企业债	10 339.96	12 511.63	-17.36
公司债	10 253.24	5 756.87	78.10
可分离债	120.09	265.88	-54.83
可转债	8 093.92	7 972.97	1.52
政策性金融债	467.84	243.88	91.83
交换债	351.94	22.78	1 445.16
资产支持证券	286.47	63.25	352.90
现货合计	34 261.14	28 097.52	21.94

资料来源：上海证券交易所、深圳证券交易所。

根据2015年1月发布的《公司债券发行与交易管理办法》，中小企业私募债已纳入非公开发行公司债券统一管理，因此统计数据不再单列“中小企业私募债”项。

推进债券市场制度建设

修订发布《公司债券发行与交易管理办法》及配套规则，按照简政放权、放管结合的原则推动公司债券市场化改革。扩大公司债券发行主体至所有公司制法人。新增全国股转系统、机构间私募产品报价与服务系统和证券公司柜台市场为债券交易场所。专门规定债券公开发行与交易、非公开发行与转让，全面建立非公开发行制度。实施公司债券公开发行分类管理并完善投资者适当性管理安排。取消公开发行的保荐制和发审委制度，完善公司债券公开发行审核工作机制。强化信息披露、承销、评级、募集资金使用等重点环节的监管，完善债券受托管理人和债券持有人会议制度，加强债券持有人权益保护。

推动债券品种创新

发展资产证券化业务，取消资产证券化产品行政许可，实行自律组织事后备案加负面清单管理制度，新增融资租赁、小额贷款、不动产等资产证券化基础资产类型，支持市政基础设施建设、现代农业、绿色环保、棚户区改造、住房公积金及互联网金融等重点产业发展。推进上市公司股东发行可交换公司债券试点。开展全民所有制企业发行公司债券试点。完善债券交易机制，引进货币经纪公司参与交易所债券市场。推出债券借贷、质押式协议回购等业务，提高债券市场流动性。

拓展期货及衍生品市场服务功能

基本情况

554.23万亿元

成交金额 554.23 万亿元

市场概况。全年中国期货市场品种(见表2–5)总数达到52个，其中商品期货46个，金融期货、期权6个。2015年期货市场(除上证50ETF期权)共成交35.78亿手(见图2–10)，同比增长42.78%；成交金额554.23万亿元，同比增长89.81%。其中，金融期货累计成交3.41亿手，成交金额417.76万亿元，分别占期货市场的9.53%和75.38%。上证50ETF期权方面，截至2015年底，全市场共开立衍生品合约账户81 557个，累计挂牌合约510个，日均成交合约10.6万张，日均合约持仓27.17万张，日均权利金交易金额为1.08亿元，日均成交合约面值26.99亿元。

表2–5　各交易所交易品种

交易所	交易品种
上海期货交易所	铜、铝、锌、铅、锡、镍、黄金、白银、螺纹钢、线材、热轧卷板、天然橡胶、燃料油、沥青
郑州商品交易所	普麦、强麦、棉花、白糖、菜籽油、油菜籽、菜籽粕、早籼稻、粳稻、晚籼稻、PTA、甲醇、玻璃、动力煤、硅铁(铁合金)、锰硅(铁合金)
大连商品交易所	黄大豆1号、黄大豆2号、玉米、豆粕、豆油、棕榈油、鸡蛋、纤维板、胶合板、玉米淀粉、线型低密度聚乙烯、聚氯乙烯、焦炭、焦煤、铁矿石、聚丙烯
中国金融期货交易所	沪深300股指期货、上证50股指期货、中证500股指期货、5年期国债期货、10年期国债期货
上海证券交易所	上证50ETF期权

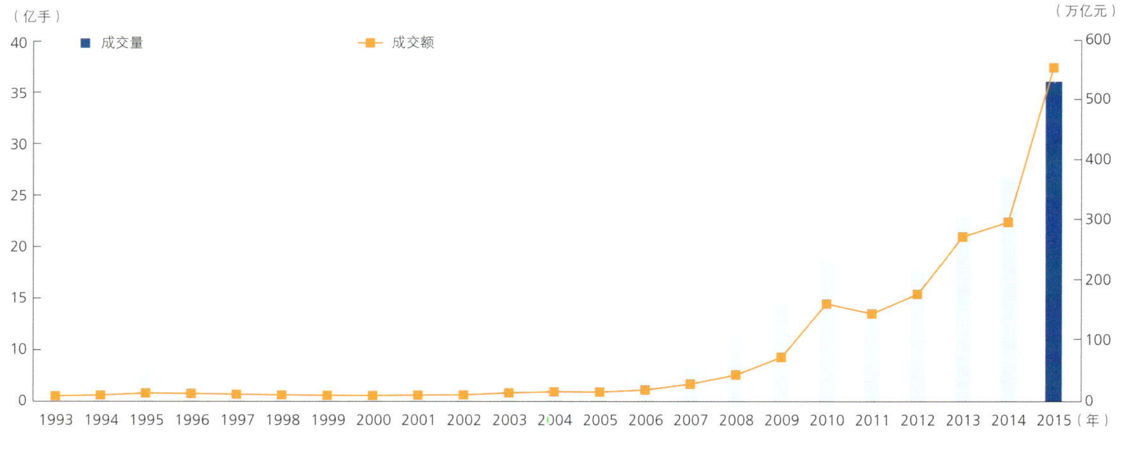

图2–10　期货市场成交金额和成交量走势(1993~2015年)

资料来源：中国期货市场监控中心。

投资者情况。从成交量来看，2015年法人客户和个人客户成交量分别为213 024.78万手和502 705.96万手，同比增加74.1%和32.7%。从成交额来看，法人客户和个人客户成交额分别为174.1万亿元和934.4万亿元，同比增加88.6%和90.1%，其中法人客户成交额占比下降至18.6%，下降了0.2个百分点（见表2–6）。

表2–6　　期货市场投资者交易情况

年份	法人客户成交量（万手）	个人客户成交量（万手）	法人客户成交金额（亿元）	个人客户成交金额（亿元）
2009	18 661.10	196 091.89	118 290	1 182 160
2010	26 292.50	286 378.17	215 770	2 869 850
2011	20 454.14	178 412.56	210 506	2 416 945
2012	26 910.32	262 797.66	246 171	3 171 107
2013	37 164.99	371 965.38	407 990.80	4 904 255.10
2014	122 370.01	378 774.50	923 544.58	4 913 829.32
2015	213 024.78	502 705.96	1 741 452.33	9 343 598.64

资料来源：中国期货市场监控中心。

完善期货市场制度规则体系

研究期货市场程序化交易管理、打击新型违法违规行为等制度。推动期货保税交割由试点转向常态化。进一步完善保证金和限仓规则。发布《境外交易者和境外经纪机构从事境内特定品种期货交易管理暂行办法》，推动出台外汇、财税、海关等配套政策。

积极推进期货市场创新

推动商品期货产品创新。推出锡、镍两个商品期货品种上市交易。启动“保险+期货”、“保险+期货+银行”、“粮食银行”、“基差报价”和“库存管理”等创新试点，拓展服务“三农”和实体企业的渠道和机制。以豆粕期货、白糖期货作为试点品种，稳步推进农产品期权上市准备工作。研发有色金属指数等新交易品种、工具。研究论证上市碳排放权期货可行性。

加快金融期货市场建设。在原有5年期国债期货的基础上，推出10年期国债期货上市交易，对健全国债收益率曲线、推进利率市场化改革具有积极意义。开展上证50和中证500股指期货品种交易。推进外汇期货、利率期货等新品种研发。发布《股票期权交易试点管理办法》，启动上证50ETF期权交易试点。发布《证券期货经营机构参与股票期权交易试点指引》，支持证券公司、期货公司开展股票期权试点。

促进证券期货经营机构和私募基金健康发展

基本情况

2 440亿元

2015 年累计净利润 2 440 亿元

截至2015年底，全国共有证券公司125家，境内外上市的证券公司合计达到28家。证券公司总资产为64 177亿元、净资产14 515亿元、注册资本3 650亿元，各项风险控制指标均高于监管标准。2015年累计净利润2 440亿元。

全国共有101家基金管理公司，其中已有79家设立专户子公司。基金管理公司总资产1 189.79亿元，净资产854.32亿元，管理资产合计12.42万亿元、同比增长82.46%。其中，管理公募基金规模8.40万亿元，存续产品2 723只（见表2–7）；基金公司专户规模28 509亿元；受托管理全国社会保障基金（以下简称社保基金）规模7 905亿元；受托管理企业年金规模3 536亿元。进一步落实公募基金产品注册制，全年完成1 297只产品注册。

表2–7　　2015年证券投资基金数（只）

封闭式	开放式				
	股票型基金	混合型基金	货币市场基金	债券型基金	QDII
164	587	1 184	220	467	101

资料来源：中国证券投资基金业协会。

截至2015年底，全国150家期货公司总资产为4 745.98亿元、注册资本524.65亿元、净资产782.46亿元、净资本600.11亿元。2015年，期货公司实现营业收入244.64亿元，净利润60.07亿元。

截至2015年底，基金业协会登记的私募基金管理人共25 005家（见图2–11），有管理规模的私募基金管理人共7 763家，平均每家管理规模6.53亿元，私募基金从业人员37.94万人。正在运作的已备案私募基金24 054只，认缴规模5.07万亿元，实缴规模4.05万亿元。

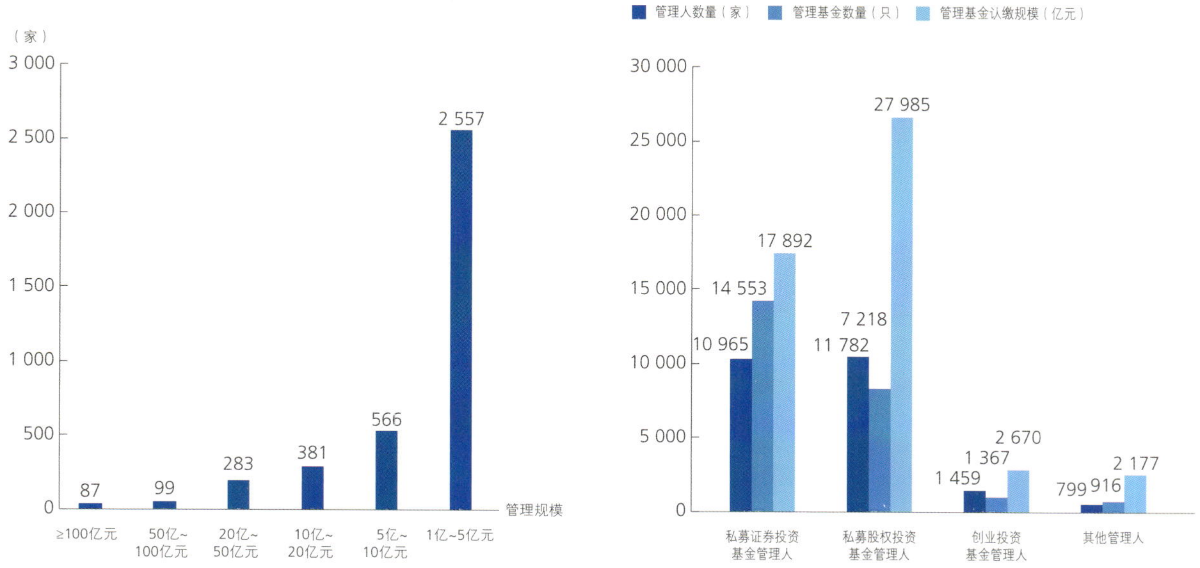

图2-11　已登记私募基金管理人的基本情况

资料来源：中国证券投资基金业协会。

推动证券期货经营机构规范发展

证券公司方面，支持证券公司通过发行上市、在全国股转系统挂牌、增资扩股等渠道补充资本，通过发行债券、试点发行短期债券和永续次级债等手段拓宽融资渠道。

公募基金方面，修订《货币市场基金监督管理办法》及其配套规则，重点加强对货币市场基金流动性风险、信用风险和利率风险的防范与监管。推动制定《公开募集证券投资基金服务机构业务管理办法》，先期推出新设公募基金管理人中后台业务外包业务试点。

期货公司方面，支持期货公司在境内外上市和在全国股转系统挂牌，拓宽融资渠道。发布《期货公司资本补充指引》，鼓励期货公司发行次级债补充净资本。支持期货公司拓展风险管理子公司开展仓单服务、合作套保、定价服务、基差交易和做市等试点业务，探索期现结合服务“三农”的新模式。

证券投资咨询机构方面，支持证券投资咨询机构开展私募基金管理业务，参与机构间私募产品报价与服务系统开展私募证券业务。鼓励证券投资咨询机构通过增资扩股、引入新股东、在全国股转系统挂牌等方式补充资本，提升抗风险能力。

2015年，共批准1家保险公司设立基金管理公司、1家保险资产管理公司公募基金管理业务资格，批准15家证券公司股票期权做市业务资格。

引导私募基金规范发展

研究制定私募基金资金募集、合同指引、信息披露和内控指引等自律规则，修订登记备案办法，优化登记备案工作，实施分类公示制度，不定期公示失联机构。鼓励符合条件的私募基金进入银行间债券市场。支持私募机构开展公募基金管理业务。

加强事中事后监管

- 坚持简政放权，深化行政审批制度改革
- 强化以事中事后为主的日常监管
- 努力防范和化解金融风险
- 完善监管执法协作机制
- 加强自身建设

坚持简政放权，深化行政审批制度改革

155项

取消调整 155 项备案类事项

进一步取消和调整行政审批事项

经国务院决定，取消了“证券交易所、证券登记结算收费审批”、“证券交易所风险基金、证券结算风险基金使用审批”、“期货交易场所上市、修改或者终止合约审批”等12项行政审批事项，同步清理相关部门规章和规范性文件。完成公募基金管理公司、期货公司、中证金融3项设立审批事项的工商登记前置审批调整为后置审批。

完成备案类事项清理工作

取消调整155项备案类事项，其中取消151项，调整4项。取消的备案类事项不再报送，调整管理方式的备案类事项按照调整后要求报送。有关备案类事项取消调整后，根据审慎监管的原则，制定管理规范和标准，完善监管手段，加大事中检查、事后处罚力度。

加大行政审批公开力度

明确审批事项办理时限和审查工作环节，编制行政许可事项服务指南及审核工作细则。全面公开首次公开发行股票、再融资、并购重组以及公开发行公司债券审核中的意见。主动公开监管信息6 329条，办理依申请公开信息408件。

强化以事中事后为主的日常监管

提升上市公司监管效能

推进上市公司分行业监管，上海证券交易所（以下简称上交所）已全面实施，深圳证券交易所（以下简称深交所）覆盖面达55%，上市公司分行业信息披露指引范围扩展至23个分行业。修订年度报告披露准则，优化信息披露监管制度。将非许可类重组预案纳入信息披露直通车范围。除个别风险公司被取消信息披露直通车资格，或交易所需作除权除息等技术操作外，上市公司已全部实现电子化、直通式的自主信息披露。修订发布《上市公司监管协调工作规程》，完善上市公司监管协作机制。

加强非上市公众公司监管

制定发布《关于加强非上市公众公司监管工作的指导意见》，明确监管系统内部职责分工，提高监管协同性和有效性。建立健全非上市公众公司事中事后监管机制，完善信息共享机制，实施现场检查工作规程，对挂牌公司股份代持、资金占用等开展专项检查。

加强证券期货经营机构监管

证券公司方面。加强底线监管，明确资产管

理、资金存管、融资融券等业务底线要求，核查证券公司信息技术、账户管理情况，清理整顿场外配资等非法证券业务活动。修订证券公司融资融券业务、经纪业务等规定。加强证券公司合规管理人员等自律规则制度建设。引导证券公司加快首席风险官、风险管理专业人员等人才队伍建设。依法采取暂停保荐机构资格、暂不受理行政许可事项、出具警示函等公开监管措施6次，涉及保荐机构1家、保荐代表人11名。

公募基金方面。组织开展公募基金行业从业人员利用未公开信息从事交易行为专项整治活动，促进和提升行业内部控制水平。开展行业"两个加强、两个遏制"、信息技术系统管理及运行安全和年度专项现场检查工作，及时处置现场检查中发现的风险隐患。做好公募基金管理公司及公募业务牌照审批。

期货公司方面。完成期货公司分类评价及风险处置工作，依法依规撤销净资本不达标公司的期货业务许可。督促期货公司加强外部接入信息系统管理，清理整顿违法违规从事期货配资账户及其他违法从事期货业务的活动。推进期货公司监管综合信息系统(FISS)建设，提升数据分析和风险监测监控能力。

查处各类违规使用账户行为，督促证券期货经营机构履行开户实名制审核义务。组织开展证券期货经营机构的业务直检和专项检查，共发现各类问题400余个，对存在违规行为的13家证券公司、12家基金公司或其子公司、1家期货公司及其关联方、16家证券投资咨询机构采取行政监管措施。

加强公司债券监管

针对105家公司债券发行人、7家证券评级机构、49家证券公司债券相关业务开展现场检查，共采取23项行政监管措施和104项日常监管措施。制定发布《公司债券违约风险监测与处置规程（试行）》，建立健全债券市场风险防控体系、风险监测指标体系、风险债券台账和报告制度。完善回购风险管理机制。

加强私募基金监管

启动《私募投资基金监督管理暂行办法》实施效果评估工作。制定出台《私募投资基金现场检查工作指引（试行）》和配套的现场检查手册、工作底稿。建立私募基金数据统计和报送制度。构建私募基金监管联席会议机制。截至2015年底，组织756家管理规模在5亿元以上的私募机构开展自查，实施190多家有风险隐患的私募机构现场检查或非法集资排查，对60家私募机构或销售机构以及8个相关责任人采取行政监管、行政处罚、立案稽查、违法线索移送等处理处罚措施。

强化中介服务机构监管

研究完善会计师事务所和资产评估机构从事证券业务的监管制度，细化会计师事务所、资产评估机构从事证券业务的监管安排。强化资本市场财务信息披露监管，稳步推进内部控制规范实施。加强对证券中介服务机构的监督检查，对21家次会计师事务所、11家次资产评估机构及45人次注册会计师、28人次注册资产评估师采取行政监管措施。

努力防范和化解金融风险

2015年，A股市场发生了异常波动，在党中央、国务院的坚强领导下，各有关部门密切协同，综合施策，遵循市场规律，依法打好“组合拳”，将修复市场、建设市场和发展市场有机结合起来，防范和化解可能产生的系统性金融风险。

适时调节市场供求关系。支持上市公司及其大股东采取措施维护其公司股票价值的合理水平。支持证券经营机构扩大自营业务。调降A股交易经手费与交易过户费。

优化完善市场规制。会同有关部委联合发布《关于鼓励上市公司兼并重组、现金分红及回购股份的通知》。完善对大股东增减持股份、信息披露等行为规定。适时修订发布《证券公司融资融券业务管理办法》，修改融券交易还券时间规则，建立融资融券业务逆周期调节机制。完善股指期货交易规则体系，遏制市场过度投机。扩大证券公司融资渠道。进一步健全证券、期货经营机构风险控制指标体系和内部控制指引。

依法打击各类破坏市场秩序的非法行为。开展打击非法配资行为专项行动。指导证券公司规范信息系统外部接入行为，严格落实账户实名制。采取强化账户管理、限制频繁报撤单行为、加强一线监管等措施。加强程序化交易管理。严厉查办内幕交易、市场操纵等违法违规行为。2015年6月15日至10月30日，累计立案调查166件，是2014年同期的1.95倍。

引导预期稳定市场。及时研判股市舆情，广泛运用微博、微信等新媒体工具，做好股市异常波动期间新闻发布和政策解读工作，主动发声，回应关切，增信释疑，稳定市场信心。

完善监管执法协作机制

深化执法合作，与公安机关同步开展重大个案调查工作。强化与中国人民银行、工信部等单位的执法协作，加强在资金流转、通信记录等方面的合作调查。建立健全会机关、派出机构、交易所、行业协会、会管单位“五位一体”监管协作机制，厘清职责边界，强化监管协同。优化监管体系职能分层，发布派出机构监管职责规定，调整派出机构处室设置，明确职责定位。加强日常监管和审批备案、稽查执法的政策衔接。利用现场检查、非现场监管、教育培训和稽查执法等手段，及时发现、制止、处置违法违规行为。推进中央监管信息平台建设，加快中央数据库数据集中统一，依托大数据、云计算等信息技术，实现不同监管主体之间的信息交互共享。全年实现7个重要业务监管子系统上线试运行。

加强自身建设

强化干部队伍建设

落实《党政领导干部选拔任用工作条例》，贯彻《推进领导干部能上能下若干规定（试行）》。完善干部轮岗交流、干部试用期考核等各项制度，组织开展后备干部调研，注重干部能力素质提升，强化干部选拔任用把关责任，开展会党委和系统单位选人用人“一报告两评议”工作。组织开展整治超职数、超编制、超机构规格配备干部和干部档案专项核查工作，规范干部兼职管理，严格干部因私出国（境）管理等。

加强党风廉政建设

认真贯彻全面从严治党要求，深入推进党风廉政建设和反腐败工作，印发《关于落实党风廉政建设主体责任的实施意见》，明确责任内容，强化权力监督。配合中央巡视组和中央纪委工作部署，自觉接受监督检查，营造良好监督氛围，切实保障巡视工作顺利开展。坚决贯彻中央八项规定精神和厉行节约要求，严格控制“三公”经费支出。切实加强巡视检查，先后成立6个巡视组，对系统内12家单位进行巡视。认真贯彻落实《中国共产党廉洁自律准则》和《中国共产党纪律处分条例》，举办会管单位、会机关部门主要负责人党风廉政建设主体责任培训班和纪委书记培训班。

健全系统内部管理机制

出台《关于会管单位贯彻落实“三重一大”决策制度的指导意见》，健全“三重一大”决策机制。执行《中国证监会党委关于进一步加强会管单位管理的若干意见》，在证券期货监管系统开展“两个加强、两个遏制”专项检查工作，重点检查沪深交易所等9家会管单位，及时整改问题。在全系统配备专职纪委书记，单独设立纪检监察办公室，加强指导管理，加强纪检监察干部队伍建设，有效强化系统纪检监察工作合力。

构建权力约束新常态

注重抓早抓小，对苗头性和倾向性问题及时提醒，坚持约谈全覆盖，由会党委书记和纪检组长（原纪委书记）亲自约谈全部派出机构和会管单位党委书记和纪委书记，确保了压力层层传导，不留死角。加大监督执纪问责力度，多方协调完善来信、来访、来电、网站“四位一体”举报平台，新增监管对象网络评议渠道，清理和规范线索处置工作。进一步加强对权力部门、重要岗位人员的信访线索核查，从严执纪。

强化市场法治

- 做好立法修法工作
- 强化稽查执法与清理整顿
- 全面加强案件审理
- 加强资本市场诚信体系建设

做好立法修法工作

夯实基础法律制度

继续推动《证券法》修订与《期货法》制定工作。2015年4月，《证券法》修订草案经第十二届全国人大常委会第十四次会议初次审议。修改完善《期货法（草案）》第二稿。同时，推动《上市公司监督管理条例》与《私募投资基金管理暂行条例》制定工作。全国人大发布《关于授权国务院在实施股票发行注册制改革中调整适用〈中华人民共和国证券法〉有关规定的决定》。

推进法律实施规范体系建设

全年共出台规章12件、规范性文件30件。清理、废止现有涉及证券期货经营机构的限制约束类部门通知、函、指引等文件共172件。发布《关于落实注册资本登记制度改革修改相关规定的决定》。

发布《关于进一步完善规章规范性文件起草审查制定工作机制的通知》，对规章、规范性文件及系统单位自律性规则的起草审查制定工作机制提出明确要求。试行规章独立审查工作机制，完善规章草案向社会公开征求意见的程序安排，健全规则制定的法律内核机制。

推进行政和解工作

出台《行政和解试点实施办法》，明确行政和解的申请和受理、和解协商、达成和解协议及协议的执行等程序。联合财政部发布《行政和解金管理暂行办法》，规范行政和解金的管理和使用。拓宽证券期货市场投资者的经济救济渠道。制定行政和解金管理、使用的具体办法及会计核算办法，完善行政和解试点的配套措施，正式启动试点工作。

强化稽查执法与清理整顿

严厉打击违法违规行为

加强对违法违规行为的惩处力度，保持执法高压态势，稽查执法案件查处数量、效率大幅提升。全年新增立案调查345起（见图4-1），同比增长68%。对288名涉嫌当事人采取限制出境措施，冻结涉案资金37.51亿元。其中，移送公安机关55件，通报犯罪线索50余起，移交处罚审理案件273件。

345起

全年新增立案调查345起

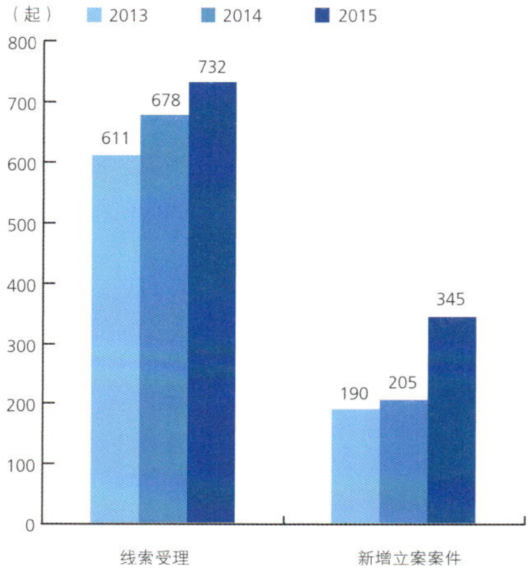

图4–1　2013~2015年案件处理情况

全面启动“2015证监法网专项执法行动”

2015年，中国证监会集中部署对全国股转系统、市值管理、股市造谣、私募基金、内幕交易、虚假陈述等特定违法违规行为共8批次专项执法行动（见表4–1），对120起重大典型违法违规案件开展立案调查。共办结102起案件，其中移送公安机关12件，移交行政处罚审理71件，同时移送公安机关和行政处罚审理5件。

表4–1　　“2015证监法网专项执法行动”各批案件情况

启动时间	法网行动批次	重点打击违法违规类型	案件数量（件）
2015年4月24日	第一批	覆盖全市场的五类综合性违法违规行为	12
2015年5月8日	第二批	新三板市场多发易发的五类违法违规行为	10
2015年5月22日	第三批	市场反映强烈、严重扰乱市场秩序的六类新型市场操纵行为	12
2015年6月5日	第四批	严重扰乱信息传播秩序的五类编造、传播谣言行为	16
2015年7月3日	第五批	发行、并购重组等环节的五类较为严重的信息披露违法违规行为	10
2015年8月3日	第六批	非法配资行为专项	16
2015年9月7日	第七批	新型操纵市场类违法违规案件快速打击	30
2015年11月6日	第八批	股市异常波动时期重要时点、敏感时期的重点账户专项打击	14

健全稽查执法规则体系。修订发布《证券市场禁入规定》，完善市场禁入措施，特别是终身市场禁入措施的适用条件和范围等。出台《关于委托上海、深圳证券交易所实施案件调查试点工作指导意见》，进一步细化交易所执法的程序和权限。发布《关于清理整顿违法从事证券业务活动的意见》。

清理整顿与打非工作

会同清理整顿各类交易场所部际联席会议有关成员单位和相关部门，开展贵金属类交易场所专项整治工作，打击贵金属类违法违规交易活动。召开地方交易场所监管工作培训会。督促各地政府落实违规交易场所整改规范。指导、支持地方政府稳妥处置交易场所风险。

推动健全省级人民政府打击非法证券期货活动工作机制，由省级人民政府负责查处“涉非”案件。全年共摸排“涉非”案件线索340次，向公安机关等移送案件线索148件，出具非法活动性质认定意见157件。联合公安机关在全国开展“防非”宣传教育进社区活动，共开展宣传教育专场2 497场，发送宣传材料113万余份、短信6 817万余条。

全面加强案件审理

加强行政处罚力度

2015年，共对767个机构和个人做出行政处罚决定或行政处罚事先告知，涉及罚没款金额54亿余元，超过前10年罚没款总和的1.5倍。共结案196件（见表4–2），作出177项行政处罚决定，11项市场禁入决定，行政处罚罚没款总计达11亿元，同比增长134.04%（见表4–3）。共举行听证会73次，同比增长108.57%。

表4–2　　2013~2015年案件类型统计

（单位：件）

年份	信息披露违法案件	内幕交易案件	操纵市场案件	其他案件	全年审结案件总计
2013	23	51	8	4	86
2014	36	69	15	43	163
2015	47	64	18	67	196

表4–3　　2013~2015年处罚情况统计

年份	行政处罚决定（项）	市场禁入决定（项）	罚没款总额（亿元）
2013	79	21	7.28
2014	158	18	4.7
2015	177	11	11

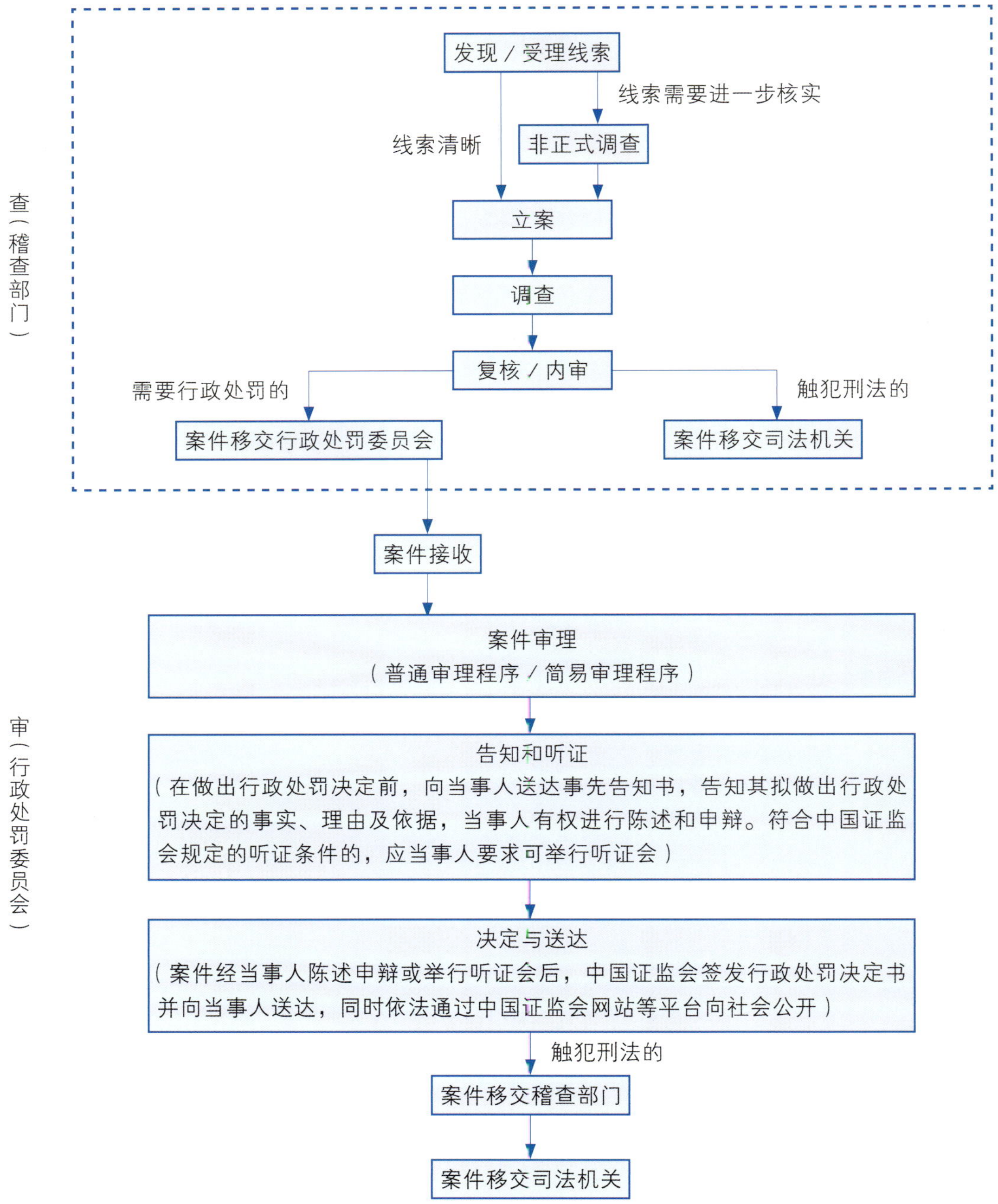

图4–2　中国证监会证券执法程序流程

继续深化查审分离体制改革

对重大、疑难、复杂案件实行五人主审合议制，事实清楚、证据充分、法律适用明确的案件适用简易审理程序。优化审理部门与调查部门之间的工作衔接程序，发布《巡回审理试点工作方案》。修订《行政处罚听证规则》，加强当事人权益保障，完善中国证监会行政处罚执法程序（见图4–2）。

专栏

案件审理

中国证监会行政处罚委员会的主要职责包括：草拟行政处罚案件审理、听证等工作的规则、实施细则；制定证券期货违法违规行为认定规则；办理行政处罚案件，组织听证，提出处罚建议；监督、指导全系统行政处罚工作；组织、协调行政处罚案件应诉、复议答复工作，指导全系统行政处罚应诉工作；根据规定开展与行政处罚工作有关的国际合作交流活动等。行政处罚委员会下设办公室作为日常办事机构。

中国证监会各派出机构根据授权对管辖范围内的案件进行审理，对证券期货违法违规当事人实施行政处罚。

发挥行政复议和行政诉讼法律监督作用

2015年新收复议案件75件、行政赔偿案件1件，2014年结转复议案件42件，共办理案件118件。同期新增行政应诉案件36件，其中以会机关为被告13件，以派出机构为被告13件，以证券交易所为被告1件，以会机关和派出机构为共同被告9件。往年结转行政应诉案件28件。全年法院做出生效判决36件，中国证监会胜诉34件，终审胜诉率为94.4%。试行行政复议听证制度。

组织做好重大案件应诉工作。九龙山国旅诉讼案是中国证监会自成立以来，高法院首次应行政相对人申请提审不服行政处罚的案件，中国证监会依法派员出席法庭进行诉讼答辩。根据复议应诉工作反映的执法问题，认真落实行政复议意见建议书制度，2015年共制发3份行政复议意见书。

加强资本市场诚信体系建设

资本市场诚信规划建设

加强资本市场诚信建设，充实完善资本市场诚信数据库。联合编制《2014年资本市场诚信报告》。截至2015年底，资本市场诚信数据库共收录67.2万个市场主体的基本信息，包括市场机构4.4万家、人员62.8万名。收录诚信信息约8.9万条。中国证监会全年在日常监管工作中共查询诚信档案5.4万次。社会公众通过证券期货市场失信记录公开查询平台进行查询的日均量约180批次。

强化部际联合惩戒机制

联合发展改革委等22部门发布《关于对违法失信上市公司相关责任主体实施联合惩戒的合作备忘录》，使失信者“一处失信，处处受限”。通过反向激励引导上市公司及相关责任人员守法守信。参与签署《失信企业协同监管和联合惩戒备忘录》。

推进部际信用信息共享及使用

联合质检总局发布《关于开展组织机构代码信息共享工作的通知》。会同公安机关推动开展公民身份信息共享合作。加强与高法院、税务总局的信息共享合作，全年共将高法院150余万条失信被执行人信息、税务总局790条重大税收违法信息按时纳入诚信数据库。积极配合社会信用体系联席会议机制下信用信息共享交换平台的运行建设工作，向信用信息共享交换平台推送5 000余条信息。

投资者权益保护

- 完善投资者保护机制
- 开展投资者教育服务工作
- 推动投资者权益维护工作

完善投资者保护机制

开展投资者保护专项活动

组织发起“公平在身边”投资者保护专项活动，以提高投资者诉求处理能力、建设全国证券期货纠纷调解中心、开展持股行权试点工作、建设中国投资者网站、推广建设投资者教育基地、发布中国资本市场投资保护状况白皮书6项重点任务为抓手，贯穿和带动全年投资者保护工作。

加快构建统一的投资者适当性制度

推进证券期货投资者适当性管理办法起草工作，评估现行适当性制度及执行情况，强化经营机构义务，明确底线要求和监管规则，防范市场风险，提高投资者保护水平。

修订投保基金管理办法

联合财政部、人民银行启动《证券投资者保护基金管理办法》修订工作，完善投保基金公司治理结构，优化证券投资者保护基金的筹集程序，增加投保基金公司的融资方式，拓宽证券投资者保护基金的运行形式。

加强投资者保护多维度调查评价

开展投资者保护状况评价工作，发布《上市公司投资者保护状况评价报告》子报告，推动编制《证券公司投资者保护状况评价报告》。启动《资本市场投资者保护状况白皮书》编写工作。建立征集反映投资者意见常态化机制，开展投资者综合调查和专项调查。推动建立投资者保护检查机制，在辽宁、吉林、广东等地围绕投诉处理、投资者教育、适当性管理、纠纷调解等内容开展专项检查工作。

开展投资者教育服务工作

做好投资者风险提示工作

根据投资者不同需求，开展风险提示工作，实现提示主体多样化、提示对象精准化、提示渠道多元化。

推进投资者教育基地建设

发布《关于加强证券期货投资者教育基地建设的指导意见》及配套《首批投资者教育基地申报工作指引》，明确投教基地建设的总体要求、建设标准、申报命名、基地管理等。制定国家级投教基地命名评审工作指引，启动基地申报命名工作，建立基地评审专家库。

编发投资者保护典型案例

编写80余个投资者保护典型案例，并在全国60余家中央及地方媒体发布。编印发放《“公平在身边”投资者保护系列丛书：典型案例集》、《“公平在身边”投资者保护系列丛书：打非清整问答》，发挥典型案例示范作用。

完善投资者综合服务平台

以“投资者自己的网站”为定位，推进中国投资者网站建设。开展中央监管信息平台投资者保护子系统立项与评审工作。

推进投资者教育纳入国民教育体系

扩大与丰富投资者教育纳入国民教育体系的覆盖范围和形式，主要包括：将投资者教育引入大、中、小学等各级教育课程；拓宽上海、广东、青岛、湖南、四川等省市教学试点学校数量及教学范围；与地方政府联合发布《关于合作推进河南省投资者教育纳入国民教育体系的意见》。

推动投资者权益维护工作

优化投资者诉求处理机制

2015年4月底，“12386”热线作为处理投资者诉求的主要渠道，实现全国直拨并免除投资者长途话费，便利投资者提出诉求。热线实现全国直拨后，投诉量环比增加175%。各派出机构完成热线报备，1 200多个测试点技术开通测试。

提高热线诉求处理质量，建立投诉复核筛查机制，加强投资者回访，减少无效投诉。推动热线投诉与调解对接，多元化处理热线诉求。截至2015年底，热线为投资者新增答复口径200余条，处理各类投资者诉求近10万件，监管系统处置日常监管举报1.6万件。

完善投资者权益补偿、赔付及纠纷解决机制

建立摊薄即期回报补偿机制，要求公司制定切实可行的填补回报措施，董事、高级管理人员忠实、勤勉履责，维护公司及全体股东合法权益，并在招股说明书中承诺。建立保荐机构先行赔付制度，要求保荐机构在公开募集及上市文件中进行公开承诺，因保荐机构为发行人首次公开发行制作、出具的文件有虚假记载、误导性陈述或者重大遗漏，给投资者造成损失的，将先行赔偿投资者损失。

联合高法院推进证券期货纠纷诉讼与调解对接工作。起草《关于在全国部分地区开展证券期货纠纷多元化解机制试点工作的通知》。继续完善多元化纠纷解决机制，推进全国性纠纷调解组织建设工作，发挥行业协会、专业调解机构和地方调解组织作用，形成互补效应，增强纠纷解决整体能力。截至2015年底，共受理纠纷2 300余起，争议涉及金额超过1亿元，调解成功1 900余起，约占总量的80%。

1 900余起

调解成功 1 900 余起

对外开放

- 推进交易所市场国际化
- 促进投融资跨境双向流动
- 推动制定自贸区支持政策
- 稳步扩大对港澳台开放
- 深化国际合作与交流

推进交易所市场国际化

2015年5月，上交所、中国金融期货交易所（以下简称中金所）与德意志交易所集团合作在欧洲建立离岸人民币证券产品交易平台，并合资成立中欧国际交易所股份有限公司（以下简称中欧国际交易所）。2015年10月，中欧国际交易所正式成立，11月开始运行。建立中欧国际交易所是推进中国资本市场双向开放、扩大人民币跨境使用的重要探索，是境内交易所实施国际化发展战略的新尝试，也是支持“一带一路”等国家战略的重要举措。

中欧国际交易所成立初期，挂牌产品以证券现货产品为主，包括境外企业发行或境内企业境外发行的人民币债券、股票、以A股指数为基础的交易型开放式指数基金(ETF)产品，以及人民币计价的资产证券化产品。截至2015年底，中欧国际交易所已上线199只产品，双边成交总金额合计为6.32亿元人民币。

促进投融资跨境双向流动

支持资本市场跨境双向融资

支持境内企业境外发行上市。全面取消财务审核，提高审批效率。取消A/H定价限制，便利企业在A/H股存在估值差异时能够自主利用境外资本市场。上网公示审核要点和进度，提高审核透明度和可预期性。简化审核程序，确保平均审核时间不超过1个月。

2015年，境内企业赴境外上市融资活跃，共有69家境内企业实现融资454亿美元（见图6–1），其中首发融资259亿美元，再融资195亿美元。经中国证监会审核的赴港上市H股企业占香港市场IPO筹资额的80%。截至2015年底，累计233家境内股份有限公司到境外上市，融资总额2 905亿美元，其中在香港交易所主板上市207家（含中国香港、纽约同时上市10家，中国香港、伦敦同时上市4家，中国香港、纽约、伦敦同时上市1家），在香港交易所创业板上市24家，在新加坡交易所上市2家。境外上市公司中有89家已发行A股，1家发行A、B股，1家发行B股。

2 905 亿美元

融资总额 2 905 亿美元

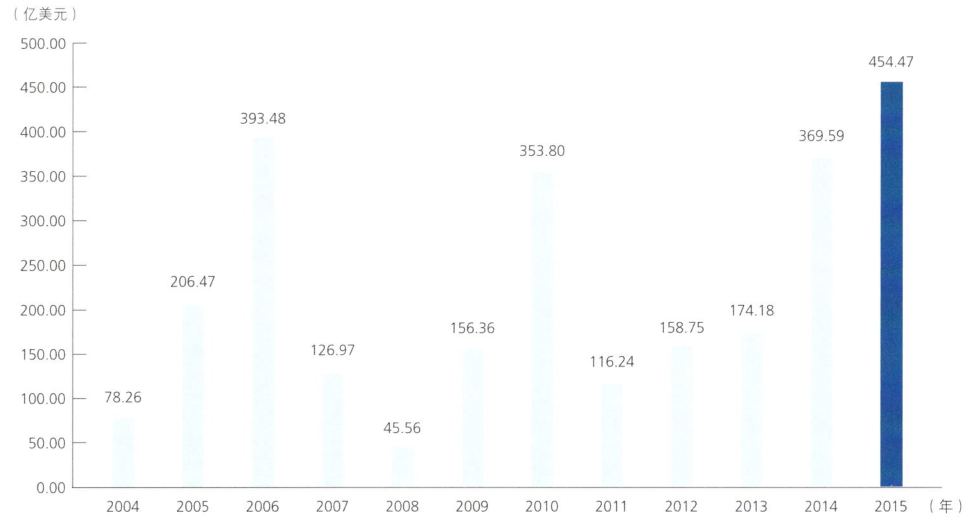

图6–1　境外上市公司筹资总额

推进资本市场跨境双向投资

完善QFII和RQFII制度。稳步推进合格境外机构投资者(QFII)资格审批，协调外汇局加快批准QFII投资额度。扩大人民币合格境外机构投资者(RQFII)试点范围至瑞士、卢森堡、智利、匈牙利、马来西亚、阿联酋和泰国等16个国家和地区，RQFII额度增加至1.21万亿元人民币。会同人民银行、外汇局等修订QFII、RQFII相关办法，推动完善有关制度。简化境外机构投资者准入及资金汇出、汇入手续，建立更加灵活的额度管理制度，便利境外长期资金投资。

启动境外企业发行人民币债试点。推动落实境外企业发行人民币试点，丰富交易所债券市场发行主体。截至2015年底，共有2家境外企业在上海证券交易所完成非公开发行人民币公司债券，融资金额15亿元。

推动制定自贸区支持政策

2015年10月，与上海市人民政府及中国人民银行等有关部委联合发布《进一步推进中国(上海)自由贸易试验区金融开放创新试点加快上海国际金融中心建设方案》，包括：允许或扩大符合条件的机构和个人在境内外证券期货市场投资；进一步扩大人民币跨境使用，支持自贸区内企业的境外母公司或子公司在境内发行人民币债券；不断扩大金融服务业对外开放，鼓励在自贸区设立证券期货经营机构并创新发展等。

积极配合商务部研究制定广东、天津、福建自贸区总体方案。2015年4月，国务院印发广东、天津、福建自贸区总体方案。

稳步扩大对港澳台开放

深化沪港通

22 795.01 亿元人民币

交易金额合计 22 795.01 亿元人民币

2015年，沪港通试点总体运行平稳有序，为两地投资者相互买卖股票带来了便利，对于优化投资者结构，促进两地市场互联互通协同发展发挥着重要作用。截至2015年底，交易金额合计22 795.01亿元人民币，其中沪股通累计交易金额16 385.76亿元人民币，港股通累计交易金额6 409.25亿元人民币；沪股通每日额度平均使用6.06亿元人民币，港股通每日额度平均使用6.46亿元人民币。沪股通总额度剩余1 802.85亿元人民币，港股通总额度剩余1 417.51亿元人民币。

推动内地与香港基金产品互认

与香港证监会签署《关于内地与香港基金互认安排的监管合作备忘录》，自2015年7月1日起施行，进一步深化了内地与香港地区经济金融合作。截至2015年底，共受理17只香港地区互认基金产品的注册申请，已注册首批3只香港地区互认基金。

明确合资设立证券公司、投资咨询机构相关政策

97.76亿美元

获得 QFII 投资额度合计 97.76 亿美元

根据《关于建立更紧密经贸关系的安排》(CEPA)及其补充协议，允许符合条件的港资、澳资金融机构在上海市、广东省、深圳市各设立1家两地合资全牌照证券公司，港资、澳资合并持股比例最高可达51%，内地股东不限于证券公司；允许符合条件的港资、澳资金融机构在内地若干改革试验区内，各新设1家两地合资全牌照证券公司，内地股东不限于证券公司，港资、澳资合并持股比例不超过49%，且取消内地单一股东须持股49%的限制；在内地若干改革试验区内，允许港资、澳资证券公司在合资证券投资咨询公司中的持股比例达50%以上。

积极参与《〈内地与香港关于建立更紧密经贸关系的安排〉服务贸易协议》和《〈内地与澳门关于建立更紧密经贸关系的安排〉服务贸易协议》的商签工作，以准入前国民待遇加负面清单模式扩大内地证券期货领域对港澳地区开放。

2015年12月，两岸举行第三次证券及期货监管合作会议，就大陆放宽QFII的有关限制、给予台湾地区RQFII额度及放宽大陆参股台湾证券期货机构的有关限制等进行了有益沟通。截至2015年底，共批准27家台资企业在大陆A股市场上市，4家台资金融机构在大陆参股合资基金管理公司，35家台资金融机构获批QFII资格，获得QFII投资额度合计97.76亿美元。

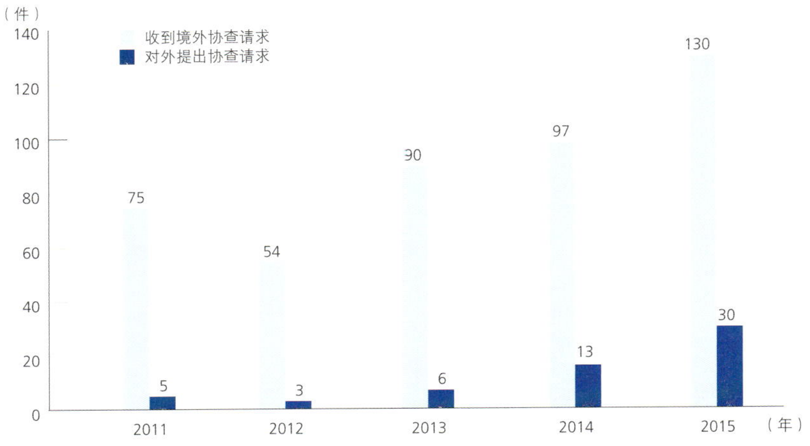

图6–2　历年跨境执法协助情况

深化国际合作与交流

加强国际监管合作

深度参与国际证监会组织(IOSCO)各项工作。2015年，成功申请加入负责制定跨境执法国际标准的IOSCO多边备忘录遴选小组，参与证券化市场激励协调机制、货币市场基金监管等专题评估，以及资本市场数字化、公司治理等研究课题，并在华举办IOSCO第三委员会工作例会。

签署双边监管合作谅解备忘录。2015年，与波兰金融监督管理局、哈萨克斯坦国家银行、阿塞拜疆国家证券委员会3家境外监管机构签署了证券期货监管合作谅解备忘录。截至2015年底，共与58个国家（或地区）的证券期货监管机构签署了62个监管合作谅解备忘录。

积极开展跨境执法协助。组织跨境监管执法国际研讨会。完善部际会商机制，保障跨境执法协助工作的顺畅运行。积极履行多边备忘录项下的跨境执法合作义务。2015年，共收到境外协查请求130件，对外提出协查请求30件（见图6–2）。

推动中美审计监管合作。会同财政部与美国公众公司会计监察委员会(PCAOB)磋商，积极推进中美审计日常监管合作试点项目。

开展金融市场基础设施原则现场评估工作。组织开展《金融市场基础设施原则》(以下简称PFMI)评估工作，初步完成第一阶段评估工作。积极参加国际清算银行支付与市场基础设施委员会(CPMI)—国际证监会组织(IOSCO)政策制定工作组会议，推动完善《CPMI-IOSCO广泛市场建议》、中央对手方风险控制和计量标准。

促进与国际组织的合作交流

积极参与国际金融治理与合作。继续参与在20国集团(G20)、金融稳定理事会(FSB)、国际货币基金组织(IMF)、世界银行(WB)、世界贸易组织(WTO)、经济合作与发展组织(OECD)、亚太经合组织(APEC)、亚洲开发银行(ADB)等多边框架下的合作。积极落实G20项下资本市场相关承诺。参与FSB同行评估和影子银行年度监测。商定与OECD合作的中期愿景及行动计划等。举办APEC金融监管机构培训倡议(FRTI)“证券执法与跨境合作”培训研讨会。

推进战略对话和投资谈判。2015年，共完成19次双边和多边对话谈判工作，参与首次中德高级别财金对话，继续参与中美、中英、中法、中欧、中新等政府间双边对话机制，参加中韩、中澳、中日韩、中巴(基斯坦)自贸区和全面合作伙伴关系(RCEP)、中国—东盟自贸区升级等自贸谈判，以及中新(加坡)自贸区联委会、中新(西兰)自贸区联委会等双边合作机制，全力支持自贸区建设和拓展重点双边关系等合作。

附录

- 附录 1　证券期货市场 2015 年度大事记
- 附录 2　2015 年中国证监会颁布的部门规章和规范性文件
- 附录 3　系统单位简介及联系方式

附录1　证券期货市场2015年度大事记

1. 2015年1月9日，由中国证监会部署的证券期货业数据通信专网——证联网完成建设并正式运行，完成了设备、节点、骨干网络的验收和应用压力测试，实现了全行业机构的全部接入。
2. 2015年1月9日，中国证监会发布《股票期权交易试点管理办法》，对股票期权交易要点及参与各方的权利义务做出明确规定，同时批准上海证券交易所开展股票期权交易试点。
3. 2015年1月15日，2015年全国证券期货监管工作会议在北京召开。会议主题为“聚焦监管转型、提高监管效能”，围绕提升资本市场服务实体经济的能力、探索建立事中事后监管新机制等8个方面提出了具体要求。
4. 2015年1月23日，中国证监会召开全系统党风廉政建设工作会议，学习贯彻十八届中央纪委第五次全会精神。驻会纪检组组长王会民作了部署。
5. 2015年3月13日，中国证监会批准上海期货交易所开展镍、锡期货交易。
6. 2015年3月16日，中国证监会在京召开支持西藏资本市场发展座谈会会议，总结了资本市场支持西藏经济社会发展的做法和成效，提出了加大支持力度的具体措施。
7. 2015年3月27日，中国证监会发布《公开募集证券投资基金参与沪港通交易指引》，对基金参与沪港通交易的资格和程序、信息披露、风险管理、内控制度等提出了具体要求。
8. 2015年4月16日，上证50和中证500股指期货上市。
9. 2015年4月17日，中国证监会与波兰金融监督管理局签署了《证券期货监管合作谅解备忘录》。
10. 2015年4月17日，中国证监会取消调整155项备案类事项。其中，取消的备案类事项市场主体不再报送，调整管理方式的备案类事项按照调整后的要求报送。
11. 2015年4月24日，中国证监会全面启动“2015证监法网专项执法行动”。4月至11月，共分8批部署针对新三板市场、市值管理、股市造谣、私募基金、内幕交易、虚假陈述等特定违法违规行为的专项执法行动，查处重大典型违法违规案件共120起。
12. 2015年4月30日，中国证监会取消证券交易所上市新交易品种审批、证券交易所和证券登记结算收费审批等8项行政审批项目，以及1项职业资格许可和认定事项。
13. 2015年5月13日，中国证监会与哈萨克斯坦国家银行签署了《证券期货监管合作谅解备忘录》。
14. 2015年5月15日，“公平在身边”投资者保护专项活动正式启动，中国证监会系统各单位、各部门承诺按照专项活动的总体部署，切实履行好工作职责。
15. 2015年5月19日，中国证监会与阿塞拜疆证监会签署了《证券期货监管合作谅解备忘录》。
16. 2015年5月22日，中国证监会与香港证监会正式签署了《关于内地与香港基金互认安排的监管合作备忘录》，同时发布《香港互认基金管理暂行规定》。
17. 2015年5月26日，中国证监会召开党委中心组（扩大）会议，认真传达学习习近平总书记“三严三实”重要论述精神。
18. 2015年6月26日，中国证监会发布《境外交易者和境外经纪机构从事境内特定品种期货交易管理暂行办法》，确定了原油期货为我国境内特定品种。
19. 2015年7月1日，中国证监会修订发布《证券公司融资融券业务管理办法》，上海、深圳证券交易所同步发布《融资融券交易实施细则》，进一步强化了投资者权益保护，完善了现有的风险监测监控机制。
20. 2015年7月18日，中国证监会联合人民银行等9部委发布《关于促进互联网金融健康发展的指导意见》，确立了互联网金融主要业态的监管职责分工，并对互联网行业管理、客户资金第三方存管制度等方面提出了具体要求。
21. 2015年8月1日，调降A股交易结算相关收费标准。沪深交易所收取的A股交易经手费下调30%，中国结算收取的A股交易过户费下调约33%。
22. 2015年8月21日，中国证监会落实《关于建立更紧密经贸关系的安排》(CEPA)补充协议和有关政策，提出进一步扩大证券经营机构对外开放的具体措施。
23. 2015年8月22日，2015年中全国证券期货监管工作会议在北京召开。会议明确全面客观看待当前股市形势，坚定不移推进资本市场改革发展。
24. 2015年8月28日，中国证监会在京召开会管单位纪检监察工作座谈会。

25.2015年8月28日，中国证监会发布《关于调整沪深300、上证50、中证500股指期货非套期保值持仓交易保证金的通知》，调整沪深300、上证50和中证500股指期货日内开仓限制标准，并提高股指期货日内手续费标准。

26.2015年8月31日，中国证监会联合财政部、国资委、中国银监会下发《关于鼓励上市公司兼并重组、现金分红及回购股份的通知》。

27.2015年9月1日，中国证监会通报恒生网络、同花顺、上海铭创三家公司的场外配资检查结果及处理情况，决定对三家公司做出行政处罚和没收违法所得。

28.2015年9月7日，中国证监会会同财政部印发《关于上市公司股息红利差别化个人所得税政策有关问题的通知》，规定个人从公开发行和转让市场取得上市公司股票并持股期限超过1年的，股息红利所得暂免征收个人所得税。

29.2015年10月30日，中国证监会会同中国人民银行、商务部、中国银监会、中国保监会和上海市人民政府发布《进一步推进中国(上海)自由贸易试验区金融开放试点加快上海国际金融中心建设方案》。

30.2015年10月31日，中央第七巡视组巡视中国证监会工作动员会召开，会议强调证监会系统各级领导干部要认真学习领会习近平总书记关于巡视工作的重要讲话精神，全力支持巡视，主动接受“全面体检”。

31.2015年11月6日，中国证监会决定重新启动新股发行程序，围绕解决巨额资金打新、简化发行审核条件、强化中介机构责任、加大投资者合法权益保护等事项，提出进一步改革完善新股发行制度的政策措施。

32.2015年11月6日，中国证监会发布重新制定的《中国证券监督管理委员会行政处罚听证规则》，内容包括规则适用范围、听证处罚范围等。

33.2015年11月20日，中国证监会制定并发布《关于进一步推进全国中小企业股份转让系统发展的若干意见》，对推进全国股转系统制度完善作出部署，提出了当前发展全国股转系统的总体要求。

34.2015年11月27日，中国证监会制定并发布《关于进一步规范发行审核权力运行的若干意见》，以及《关于加强审核人员履职回避管理的规定》、《关于加强发审委委员履职回避管理的规定》等配套实施规则。

35.2015年11月30日，中国证监会国际顾问委员会第十二次会议在京召开，会议的主题是“新形势下资本市场的稳定发展与监管转型”。国务院副总理马凯会见了参会的顾问委员会委员。

36.2015年12月18日，中国证监会联合中国人民银行发布《货币市场基金监督管理办法》，在有效控制风险的基础上鼓励货币市场基金创新发展，并针对货币市场基金与互联网融合发展的新业态做出相应制度安排。

37.2015年12月18日，首批7只内地香港互认基金获得中国证监会、香港证监会注册，其中包括3只香港互认基金和4只内地互认基金。

38.2015年12月24日，中国证监会联合国家发展改革委、中国人民银行等22家单位签署了《关于对违法失信上市公司相关责任主体实施联合惩戒的合作备忘录》，明确了联合惩戒的对象、惩戒措施、法律依据和实施部门，规定了信息共享和联合惩戒结果的反馈机制。

39.2015年12月27日，第十二届全国人民代表大会常务委员会第十八次会议审议通过《关于授权国务院在实施股票发行注册制改革中调整适用〈中华人民共和国证券法〉有关规定的决定(草案)》的议案。

40.2015年12月28日，两岸第三次证券及期货监管合作会议召开。会议交流了两岸交易所合作股价指数授权、放宽参股台湾证券期货机构的有关限制等议题。

41.2015年12月30日，中国证监会发布《关于首发及再融资、重大资产重组摊薄即期回报有关事项的指导意见》，进一步加强资本市场中小投资者合法权益保护工作，引导上市公司增强持续回报能力。

42.2015年12月31日，中国证监会发布修订后的《证券发行与承销管理办法》、《首次公开发行股票并上市管理办法》、《首次公开发行股票并在创业板上市管理办法》，进一步完善新股发行承销制度，规范发行承销行为。

附录2　2015年中国证监会颁布的部门规章和规范性文件

中国证监会颁布的部门规章

1. 股票期权交易试点管理办法（2015年1月9日　证监会令第112号）
2. 公司债券发行与交易管理办法（2015年1月15日　证监会令第113号）
3. 行政和解试点实施办法（2015年2月17日　证监会令第114号）
4. 证券市场禁入规定（2006年6月7日　证监会令第33号　根据2015年5月18日《关于修改〈证券市场禁入规定〉的决定》证监会令第115号修正）
5. 境外交易者和境外经纪机构从事境内特定品种期货交易管理暂行办法（2015年6月26日　证监会令第116号）
6. 证券公司融资融券业务管理办法（2015年7月1日　证监会令第117号）
7. 中国证监会派出机构监管职责规定（2015年10月29日　证监会令第118号）
8. 中国证券监督管理委员会行政处罚听证规则（2015年11月2日　证监会令第119号）
9. 货币市场基金监督管理办法（2015年12月17日　证监会令第120号）
10. 证券发行与承销管理办法（2013年12月13日　证监会令第95号　2015年12月30日《关于修改〈证券发行与承销管理办法〉的决定》证监会令第121号修正）
11. 首次公开发行股票并上市管理办法（2006年5月17日　证监会令第32号　根据2015年12月30日《关于修改〈首次公开发行股票并上市管理办法〉的决定》证监会令第122号修正）
12. 首次公开发行股票并在创业板上市管理办法（2014年5月14日证监会令第99号根据2015年12月30日《关于修改〈首次公开发行股票并在创业板上市管理办法〉的决定》证监会令第123号修正）

中国证监会颁布的规范性文件

1. 证券期货经营机构参与股票期权交易试点指引（2015年1月9日　证监会公告[2015]1号）
2. 公开发行证券的公司信息披露内容与格式准则第23号——公开发行公司债券募集说明书（2015年修订）（2015年3月2日　证监会公告[2015]2号）
3. 公开发行证券的公司信息披露内容与格式准则第24号——公开发行公司债券申请文件（2015年修订）（2015年3月2日　证监会公告[2015]3号）
4. 行政和解金管理暂行办法（2015年2月28日　证监会公告[2015]4号）
5. 公开募集证券投资基金参与沪港通交易指引（2015年3月27日　证监会公告[2015]5号）
6. 中国证监会决定取消、调整的备案类事项目录（共计155项）（2015年4月10日　证监会公告[2015]8号）
7. 关于废止部分证券期货规章的决定（第十三批）（2015年4月20日　证监会公告[2015]9号）
8. 《上市公司重大资产重组管理办法》第十四条、第四十四条的适用意见——证券期货法律适用意见第12号（2015年4月24日　证监会公告[2015]10号）
9. 关于《国务院关于取消和调整一批行政审批项目等事项的决定》有关事项的公告（2015年4月28日　证监会公告[2015]11号）
10. 香港互认基金管理暂行规定（2015年5月14日　证监会公告[2015]12号）
11. 关于加强非上市公众公司监管工作的指导意见（2015年5月15日　证监会公告[2015]13号）
12. 关于废止部分部门通知、函、指引等文件有关事项的公告（2015年5月22日　证监会公告[2015]14号）
13. 中国证监会确定原油期货作为中国境内特定品种，允许境外交易者和境外经纪机构依法参与原油期货交易（2015年6月26日　证监会公告[2015]16号）①
14. 中国证监会决定，充分发挥中国证券金融股份有限公司的作用，增强维护股票市场稳定的能力。中国人民银行对中证金融提供流动性支持（2015年7月5日证监会公告[2015]17号）②

① 原文仅为“公告”，具体名称为编者所加。
② 原文仅为“公告”，具体名称为编者所加。

15. 为维护资本市场稳定，中国证监会决定自公告日起6个月内，要求上市公司大股东及董事、监事、高级管理人员不得减持本公司股份（2015年7月5日　证监会公告[2015]18号）[1]
16. 关于清理整顿违法从事证券业务活动的意见（2015年7月12日　证监会公告[2015]19号）
17. 关于落实注册资本登记制度改革修改相关规定的决定（2015年7月31日　证监会公告[2015]20号）
18. 关于加强证券期货投资者教育基地建设的指导意见和首批投资者教育基地申报工作指引（2015年9月8日　证监会公告[2015]23号）
19. 公开发行证券的公司信息披露内容与格式准则第2号——年度报告的内容与格式（2015年修订）（2015年11月9日　证监会公告[2015]24号）
20. 中国证监会随机抽查事项清单（2015年11月10日　证监会公告[2015]25号）
21. 中国证监会关于进一步推进全国中小企业股份转让系统发展的若干意见（2015年11月16日　证监会公告[2015]26号）
22. 关于进一步规范发行审核权力运行的若干意见（2015年11月24日　证监会公告[2015]27号）
23. 关于加强发行审核工作人员履职回避管理的规定和关于加强发审委委员履职回避管理的规定（2015年11月24日　证监会公告[2015]28号）
24. 中国证监会稽查办案十项禁令（2015年12月11日　证监会公告[2015]29号）
25. 关于实施《货币市场基金监督管理办法》有关问题的规定（2015年12月17日　证监会公告[2015]30号）
26. 关于首发及再融资、重大资产重组摊薄即期回报有关事项的指导意见（2015年12月30日　证监会公告[2015]31号）
27. 公开发行证券的公司信息披露内容与格式准则第1号——招股说明书（2015年修订）（2015年12月30日　证监会公告[2015]32号）
28. 公开发行证券的公司信息披露内容与格式准则第28号——创业板公司招股说明书（2015年修订）（2015年12月30日　证监会公告[2015]33号）

① 原文仅为“公告”，具体名称为编者所加。

附录3 系统单位简介及联系方式

上海证券交易所

上海证券交易所（简称上交所）成立于1990年11月26日，为不以营利为目的的法人，归属中国证监会直接管理。

上交所主要职能包括：提供证券交易的场所和设施；制定证券交易所的业务规则；接受上市申请，安排证券上市；组织、监督证券交易；对会员、上市公司进行监管；管理和公布市场信息。

截至2015年底，上交所共有上市公司1 081家，上市股票1 125只；股票市价总值295 194.20亿元，流通市值254 127.84亿元；上市公司总股本30 235.54亿股，流通股本27 418.41亿股，流通股本占总股本的90.68%。

联系电话：021-68808888
传　　真：021-68804868
电子邮件：webmaster@secure.sse.com.cn
网　　址：www.sse.com.cn
地　　址：上海市浦东南路528号证券大厦(200120)

深圳证券交易所

深圳证券交易所（简称深交所）成立于1990年12月1日，是实行自律管理的法人，归属中国证监会直接管理。

深交所主要职能包括：提供证券交易的场所和设施；制定业务规则；接受上市申请，安排证券上市；组织、监督证券交易；对会员、上市公司进行监管；管理和公布市场信息；中国证监会许可的其他职能。

截至2015年底，深交所共有上市公司1 746家，上市股票1 784只。股票市价总值23.61万亿元，流通市值16.38万亿元。上市公司总股本12 779.28亿股，流通股本9 625.60亿股，流通股本占总股本的75.32%。

联系电话：0755-88668888
传　　真：0755-82083947
电子邮件：cis@szse.cn
网　　址：www.szse.cn
地　　址：广东省深圳市福田区深南大道2012号(518038)

上海期货交易所

上海期货交易所（简称上期所）是受中国证监会集中统一监督管理，并按照其章程实行自律管理的法人。

上期所主要职能包括：提供期货交易的场所、设施及相关服务；制定并实施期货交易所的业务规则；设计期货合约，安排期货合约上市；制定并实施风险管理制度，控制市场风险等。

截至2015年底，上期所上市交易的有铜、铝、锌、铅、镍、锡、黄金、白银、螺纹钢、线材、热轧卷板、燃料油、石油沥青、天然橡胶14种期货合约。上期所共有会员201家，其中期货公司会员150家，在全国各地开通远程交易终端1 258家；当年市场总成交金额63.56万亿元（以下数据按单边计算），占全国总成交金额的11.47%；总成交量10.5亿手，占全国总成交量的29.36%。

联系电话：021-68400000
传　　真：021-68401198
电子邮件：info@shfe.com.cn
网　　址：www.shfe.com.cn
地　　址：上海市浦东新区浦电路500号(200122)

郑州商品交易所

郑州商品交易所（简称郑商所）成立于1990年10月12日，是经国务院批准的首家期货市场试点单位，全国4家期货交易所之一。

郑商所主要职能包括：提供期货交易场所；期货合约设计与上市服务；期货交易结算与交割服务；期货交易监督；期货交易风险管理；期货交易信息服务等。

截至2015年底，郑商所上市交易16个期货品种，包括优质强筋小麦、普通小麦、早籼稻、粳稻、棉花、油菜籽、菜籽油、菜籽粕、白糖、动力煤、甲醇、精对苯二甲酸、玻璃、晚籼稻、硅铁、锰硅；共有场内会员152家，指定交割仓（厂）库237家，指定结算银行13家；投资者开户数约106万户。2015年，累计成交10.7亿手（以下数据按单边计算），比2014年增长58.3%；日均持仓量272.8万手，增长10.9%；成交金额31万亿元，增长33.3%。

联系电话：0371-65610069
传　　真：0371-65613068

电子邮件：czce@czce.com.cn
网　　址：www.czce.com.cn
地　　址：河南省郑州市郑东新区商务外环路30号(450018)

大连商品交易所

大连商品交易所（简称大商所）成立于1993年，是经国务院批准并由中国证监会监督管理的期货交易所。

大商所主要职能包括：提供期货交易场所；期货合约设计与上市服务；期货交易结算与交割服务；期货交易监督；期货交易风险管理；期货交易信息服务等。

截至2015年底，大商所上市交易16个期货品种，包括黄大豆1号、豆粕、玉米、黄大豆2号、豆油、线型低密度聚乙烯、棕榈油、聚氯乙烯、焦炭、焦煤、铁矿石、鸡蛋、纤维板、胶合板、聚丙烯和玉米淀粉；现有会员单位169家，投资者开户数236.53万个，其中法人客户7.23万个。2015年，累计成交量11.16亿手、同比增长45.05%，成交额41.94万亿元、同比增长1.06%，日均持仓492.40万手，同比增长14.51%。

联系电话：0411-84808888
传　　真：0411-84808588
电子邮件：office@dce.com.cn
网　　址：www.dce.com.cn
地　　址：辽宁省大连市沙河口区会展路129号(116023)

中国金融期货交易所

中国金融期货交易所（简称中金所）成立于2006年9月8日，是经国务院同意、中国证监会批准，由上海期货交易所、郑州商品交易所、大连商品交易所、上海证券交易所和深圳证券交易所共同发起设立的公司制金融期货交易所，目前注册资本为30亿元人民币。

中金所主要职能包括：组织安排金融期货等金融衍生品上市交易、结算和交割；制定业务管理规则；实施自律管理；发布市场交易信息；提供技术、场所、设施服务；中国证监会许可的其他职能。

截至2015年底，中金所共上市沪深300、上证50、中证500股指期货3个股指期货产品和5年期、10年期国债期货两个国债期货产品。2015年，股指期货成交3.34亿手，成交金额411.75万亿元，其中：沪深300股指期货成交2.77亿手，成交金额341.91万亿元；上证50股指期货成交0.35亿手，成交金额30.69万亿元；中证500股指期货成交0.22亿手，成交金额39.15万亿元。国债期货成交608.75万手，成交金额6.01万亿元，其中：5年期国债期货成交440.36万手，成交金额4.36万亿元；10年期国债期货成交168.39万手，成交金额1.65万亿元。

联系电话：021-50160666
传　　真：021-50160606
电子邮件：rd@cffex.com.cn
网　　址：www.cffex.com.cn
地　　址：上海市浦东新区世纪大道1600号陆家嘴商务广场(200122)

中国证券登记结算有限责任公司

中国证券登记结算有限责任公司（简称中国结算）按照《证券法》关于证券登记结算集中统一运营的要求，经国务院同意、中国证监会批准，于2001年3月30日成立，为不以营利为目的的法人，归属中国证监会直接管理，是我国具有系统重要性的金融市场基础设施之一。

中国结算依法履行证券账户的设立和管理、证券集中登记、存管等职能，并为证券交易提供多边净额和全额等多种结算服务，业务涵盖沪、深交易所与全国股转系统全部上市（挂牌）证券、股票期权、沪港通、内地与香港基金互认、开放式基金、资管产品、转融通、国债期货实物交割、债券跨市场转托管等广泛领域。

截至2015年底，中国结算管理的一码通账户投资者达9 910.53万人，登记存管的沪、深市场证券8 508只，其中上市股票2 911只，登记存管新三板挂牌股票5 129只，登记的资管产品3 752只，托管产品158只。2015年，公司结算总额1 136.81万亿元，日均结算总额4.66万亿元，日均结算净额2 412.27亿元，日均过户笔数8 519.29万笔，日均过户金额4.24万亿元。

联系电话：010-66210988
传　　真：010-66210938
电子邮箱：zbshi@chinaclear.com.cn
网　　址：www.chinaclear.cn
地　　址：北京市西城区太平桥大街17号(100033)

中国证券投资者保护基金有限责任公司

中国证券投资者保护基金有限责任公司（简称投保基金公司）成立于2005年8月30日，是由国务院出资设立，归口中国证监会管理的国有独资企业。

投保基金公司主要职责包括：筹集、管理和运作基金；监测证券公司风险，参与风险处置工作；证券公司被撤销、被关闭、破产或被中国证监会实施行政接管、托管经营等强制性监管措施时，按照有关政策规定对债权人予以偿付；组织、参与被撤销、关闭或破产证券公司的清算工作；管理和处分受偿资产，维护基金权益；发现证券公司经营管理中出现可能危及投资者利益和证券市场安全的重大风险时，向中国证监会提出监管、处置建议；对证券公司运营中存在的风险隐患会同有关部门建立纠正机制。

截至2015年底，投保基金公司总资产为706.52亿元，净资产为194.73亿元，累计筹集投保基金674.12亿元，累计拨付保护基金225.205亿元。正式申报债权总额为252.631亿元，剩余预申报债权总额为29.277亿元。证券市场交易结算资金监控系统对全市场经纪业务客户的1.61亿个资金账户、20 112亿元保证金实现全面动态监测。

联系电话：010-66580863
传　　真：010-66580616
电子邮件：yuhm@sipf.com.cn
网　　址：www.sipf.com.cn
地　　址：北京市西城区金融大街5号新盛大厦(100033)

中国证券金融股份有限公司

中国证券金融股份有限公司（简称中证金融）成立于2011年10月28日，是经国务院同意，中国证监会批准设立的全国性证券类金融机构，是中国境内唯一从事转融通业务的金融机构。

中证金融主要职责包括：为证券公司融资融券业务提供转融资和转融券服务；运用市场化手段调节证券市场资金和证券的供给；管理证券公司提交的转融通担保品；统计监控证券公司融资融券业务运行情况，监测分析融资融券交易情况，防控市场风险和信用风险；经中国证监会批准同意的其他业务。

截至2015年底，中证金融全年为证券公司融资融券业务提供资金和证券累计达到2 469.08亿元，转融通余额191.16亿元，其中转融资余额为191.11亿元，转融券余额为500.35亿元。沪深市场标的证券为913只，开展融资融券业务的证券公司共92家，投资者数量402.65万人，融资融券余额为11 741.83亿元。

联系电话：010-63211666
传　　真：010-63211601
电子邮件：csf@csf.com.cn
网　　址：www.csf.com.cn
地　　址：北京市西城区丰盛胡同28号太平洋保险大厦B座15层(100032)

中国期货市场监控中心有限责任公司

中国期货市场监控中心有限责任公司（简称中国期货监控）于2006年3月成立，为非营利性公司制法人，注册资本13.65亿元，其业务接受中国证监会的指导、监督和管理。

中国期货监控主要职能包括：期货市场统一开户；期货保证金安全监控；期货市场运行监测监控和分析研究；期货经营机构运行监测、数据统计及研究分析；为期货投资者提供交易结算信息查询；为监管机构和期货交易所等提供信息服务；代管期货投资者保障基金；商品及其他指数的编制、发布；期货市场投资者调查。

截至2015年底，期货市场有效客户数为107.52万户，其中个人客户104.62万户，单位客户2.90万户；投资者保障基金累计筹集额为57.96亿元，累计余额为63.82亿元。

联系电话：010-66555088
传　　真：010-66555038
电子邮件：cfmmc@cfmmc.com
网　　址：www.cfmmc.com, www.cfmmc.cn
地　　址：北京市西城区金融大街5号新盛大厦B座17层(100033)

中证资本市场运行统计监测中心有限责任公司

中证资本市场运行统计监测中心有限责任公司（简称中证监测）成立于2012年9月12日，是由中国证监会直接管理的专业机构，致力于为中国证监会提供统计、分析和信息服务，支持其监管决策和系统性风险防控。

中证监测主要职能包括：收集、整理、生产资本市场及宏观经济运行的相关数据信息，推进资本市场数据集中，促进信息共享；开展统计调查、市场调查服务，提供定制化统计服务；开展基于数据的市场日常分析、专题研究；参与中国证监会中央监管信息平台及监控系统的建设、运行和维护，协助跨市场的盘中实时和盘后监测系统建设；评估资本市场重大政策，校验政策实施效果；实施资本市场系统性风险监测、评估、预警，开展资本市场压力测试，评估市场运行质量，配合处置风险事件。

联系电话：010-63889001
传　　真：010-63889062
电子邮件：cmsmc@cmsmc.cn
网　　址：www.cmsmc.cn
地　　址：北京市西城区金融大街26号金阳大厦四楼南区(100032)

全国中小企业股份转让系统有限责任公司

全国中小企业股份转让系统（简称全国股转系统）是经国务院批准设立的全国性证券交易场所，是我国第一家公司制运营的证券交易场所。全国中小企业股份转让系统有限责任公司（简称全国股转公司）为其运营管理机构，于2012年9月20日在国家工商总局注册，2013年1月16日正式揭牌运营，注册资本30亿元，归属中国证监会直接管理。

全国股转公司主要职能包括：组织安排非上市股份公司股份的公开转让；为非上市股份公司融资、并购等相关业务提供服务；为市场参与人提供信息、技术和培训服务；经中国证监会批准的其他业务。

截至2015年底，全国股转公司挂牌公司5 129家，其中股票转让采取做市方式的1 115家，采取协议转让方式的4 014家，总市值24 584.42亿元；总股本2 959.51亿股，流通股本1 023.63亿股。2015年，成交量为278.91亿股，成交金额1 910.62亿元，挂牌公司完成2 565次股票发行，募集资金1 216.17亿元。

联系电话：010-63889512
传　　真：010-63889634
电子邮件：info@neeq.org.cn
网　　址：www.neeq.com.cn
地　　址：北京市西城区金融大街丁26号金阳大厦(100033)

中国证券业协会

中国证券业协会（简称证券业协会）成立于1991年8月28日，是依据《证券法》和《社会团体登记管理条例》有关规定设立的证券业自律性组织，属于非营利性社会团体法人，接受中国证监会和国家民政部的业务指导和监督管理。

证券业协会主要职责包括：在国家对证券业实行集中统一监督管理的前提下进行证券业自律管理；发挥政府与证券行业间的桥梁和纽带作用；为会员提供服务，维护会员的合法权益；维持证券业的正当竞争秩序，促进证券市场的公开、公平、公正，推动证券市场的健康稳定发展。

截至2015年底，证券业协会共有会员1 052家，其中法定会员（证券公司）125家，普通会员（基金管理公司、期货公司、信托公司等）832家，特别会员（地方证券业协会等）95家。

联系电话：010-66575800
传　　真：010-66575827
电子邮件：bgs@sac.net.cn
网　　址：www.sac.net.cn
地　　址：北京市西城区金融大街19号富凯大厦B座二层(100033)

中国期货业协会

中国期货业协会（简称期货业协会）成立于2000年12月29日，是根据《社会团体登记管理条例》和《期货交易管理条例》成立的全国期货业自律性组织，为非营利性社会团体法人，接受业务主管单位中国证监会和社团登记管理机关国家民政部的业务指导和监督管理。

期货业协会以“自律、服务、传导”为基本宗旨，主要职责包括：在国家对期货业实行集中统一监督管理的前提下，进行期货业自律管理；发挥政府与期货业间的桥梁和纽带作用，为会员服务，维护会员的合法权益；坚持期货市场的公开、公平、公正，维护期货业的正当竞争秩序，保护投资者利益，推动期货市场的规范发展。

截至2015年底，期货业协会共有会员348家，其中普通会员278家，特别会员（期货交易所、中国期货监控）5家，联系会员65家。

联系电话：010-88087239
传　　真：010-88087060
电子邮件：cfa@cfachina.org
网　　址：www.cfachina.org
地　　址：北京市西城区金融大街33号通泰大厦C座八层(100140)

中国上市公司协会

中国上市公司协会（简称上市公司协会）成立于2012年2月15日，依据《证券法》和《社会团体登记管理条例》等相关规定成立，是由上市公司及相关机构组成的全国性自律组织，属于会员制、非营利性的社会团体法人。中国证监会为其业务主管部门。

上市公司协会打造会员服务的高端平台，致力于提高公众公司质量，促进完善上市公司治理，推动建立良好的公司文化，传导自律规范需求，促进资本市场的成熟和完善。

截至2015年底，上市公司协会共有注册会员1 845家，其中普通会员（公众公司）1 796家，联系会员（为公众公司提供服务的相关机构）17家，团体会员（地方上市公司协会）32家。

联系电话：010-63923639（办公室）
010-63923678（会员服务）
传　　真：010-63923788
电子邮件：office@capco.org.cn；pr@capco.org.cn
网　　址：www.capco.org.cn
地　　址：北京市西城区金融大街9号金融街中心（北楼）17、18层(100033)

中国证券投资基金业协会

中国证券投资基金业协会（简称基金业协会）成立于2012年6月6日，是依据《证券投资基金法》和《社会团体登记管理条例》的有关规定设立的基金行业自律组织，为非营利性社会团体法人，接受中国证监会和国家民政部的业务指导和监督管理。

基金业协会主要职责包括：依法维护会员合法权益，反映会员建议和要求；制定实施行业自律规则和执业标准，监督、检查会员及其从业人员的执业行为；组织投资者教育，整理、发布行业数据信息，开展行业研究、会员交流与国际合作；对会员的基金业务纠纷进行调解；依法办理私募基金管理人登记、私募基金产品备案。

截至2015年底，基金业协会共有会员2 105家，其中普通会员528家，联席会员150家，观察会员1 333家，特别会员94家。

联系电话：010-66578250
传　　真：010-66578256
电子邮件：amac@amac.org.cn
网　　址：www.amac.org.cn
地　　址：北京市西城区金融街20号交通银行大厦B座9层(100033)

中证金融研究院

中证金融研究院（简称研究院）前身为北京证券期货研究院，成立于2012年6月，是中国证监会直接管理的政策研究机构。研究院定位为决策支持中心、战略智库和理论学术基地，负责资本市场长期性、前瞻性、全局性和规律性问题的研究。

研究院主要职责包括：研究宏观经济和金融市场运行动态；研究拟订资本市场中长期战略规划；对资本市场法规、政策提供意见和建议；对资本市场运行质量、效率和潜在风险进行评估；对资本市场运行、发展与监管中的理论和实践问题进行专项研究；对中国证监会各部门、各单位工作中的重大事项和重要工作提供专题咨询等；协调证券期货监管系统内的研究工作；承担中国证监会博士后工作站日常管理；中国证监会交办的其他工作。

联系电话：010-85578312
传　　真：010-56088548
电子邮件：contact@cifcm.com
网　　址：www.cifcm.com
地　　址：北京市西城区金融大街26号金阳大厦8层(100033)

中证信息技术服务有限责任公司

中证信息技术服务有限责任公司（简称中证信息）成立于2013年11月8日，是中国证监会直接管理的唯一专事信息技术的机构。

中证信息主要职责包括：为资本市场提供信息公共基础设施建设和公益性信息技术服务，包括电子化信息披露服务、证联网运行管理、监管信息系统建设与运维、信息安全服务、行业编码和标准服务、行业技术研究和交流、行业数据中心管理等。

联系电话：010-83141900
传　　真：010-83141991
电子邮箱：zbs@csits.org.cn
地　　址：北京市西城区金融大街4号金益大厦3层(100033)

中证中小投资者服务中心有限责任公司

中证中小投资者服务中心有限责任公司（简称投资者服务中心）是于2014年12月成立的证券金融类机构，归属中国证监会直接管理。

投资者服务中心主要职责包括：面向中小投资者开展公益性宣传和教育；为中小投资者自主维权提供法律、信息、技术服务；公益性持有证券等品种，以股东身份行权和维权；受中小投资者委托，提供调解、和解服务；代表中小投资者，向政府机构、监管部门反映诉求；中国证监会委托的其他业务。

联系电话：021-50496289
传　　真：021-50496325
电子邮件：zxtzzfwzxbgs@csrc.gov.cn
地　　址：上海市浦东新区迎春路555号B座(200135)

附表

附表1　中国证券期货市场主要统计数据（2008~2015年）

指标	2008年	2009年	2010年	2011年	2012年	2013年	2014年	2015年
境内上市公司数（A、B股）（家）	1 625	1 718	2 063	2 342	2 494	2 489	2 613	2 827
境内上市外资股（B股）（家）	109	108	108	108	107	106	104	101
境外上市公司数（家）	153	159	165	171	179	185	205	229
股票总发行股本（亿股）	24 522.85	26 162.85	33 184.35	36 095.52	38 395.00	40 569.08	43 610.13	49 997.26
其中：流通股本	12 578.91	19 759.53	25 642.03	28 850.26	31 339.60	36 744.16	39 104.28	44 026.44
股票市价总值（亿元）	121 366.44	243 939.12	265 422.59	214 758.10	230 357.62	239 077.19	372 546.96	531 463
其中：股票流通市值	45 213.9	151 258.65	193 110.41	164 921.30	181 658.26	199 579.54	315 624.31	417 881
股票成交金额（亿元）	267 112.64	535 986.74	545 633.54	421 649.73	314 667.41	468 728.60	743 912.98	2 550 538.27
上证综合指数（收盘）	1 820.81	3 277.14	2 808.08	2 199.42	2 269.13	2 115.98	3 234.68	3 539.18
深证综合指数（收盘）	553.3	1 201.34	1 290.87	866.65	881.17	1 057.67	1 415.19	2 308.91
股票有效账户数（万户）	10 449.69	12 037.69	13 391.04	14 050.37	14 045.91	13 247.15	14 214.68	21 477.57
交易所债券成交金额（亿元）	28 884.94	40 635.06	76 011.5	216 349.51	403 426.49	678 404.56	935 256.04	1 316 368.63
证券投资基金只数（只）	439	557	704	914	1 173	1 552	1 897	2 723
证券投资基金规模（亿份）	25 741.25	24 535.89	25 200.75	26 510.37	31 708.41	31 180.69	42 011.99	76 674.13
证券投资基金成交金额（亿元）	5 831.06	10 249.58	8 996.43	6 365.80	8 667.36	12 562.04	19 904.62	76 859.66
期货总成交量（万手）	136 396	215 743	313 368.83	105 413.75	145 052.57	206 182.31	250 585.57	357 802.24
期货总成交额（亿元）	719 173.35	1 305 107.20	3 080 592.41	1 375 162.44	1 711 269.36	2 674 762.01	2 919 882.25	5 542 346.94

附表2　证券公司一览表

序号	公司名称	年度评级	外资参股情况		是否在香港地区设立分支机构
			境外股东名称	出资比例	
1	安信证券股份有限公司	A			是
2	北京高华证券有限责任公司	AA			否
3	渤海证券股份有限公司	A			否
4	财达证券有限责任公司	A			否
5	财富证券有限责任公司	A			否
6	财通证券股份有限公司	A			是
7	财通证券资产管理有限公司	A			否
8	长城国瑞证券有限公司	BBB			否
9	长城证券股份有限公司	BBB			否
10	长江证券（上海）资产管理有限公司	AA			否
11	长江证券承销保荐有限公司	AA			否
12	长江证券股份有限公司	AA			是
13	网信证券有限责任公司	BBB			否
14	川财证券有限责任公司	A			否
15	大通证券股份有限公司	AA			否
16	大同证券经纪有限责任公司	A			否
17	德邦证券股份有限公司	A			否
18	第一创业摩根大通证券有限责任公司	BBB	摩根大通经纪（香港）有限公司　J.P.Morgan Broking (Hong Kong) Limited	33.30%	否
19	第一创业证券股份有限公司	BBB			否
20	东北证券股份有限公司	A			否
21	东方花旗证券有限公司	AA	花旗环球金融亚洲有限公司 Citigroup Global Markets Asia Limited	33.30%	否
22	东方证券股份有限公司	AA			是
23	东海证券股份有限公司	A			是
24	东莞证券股份有限公司	AA			否
25	东吴证券股份有限公司	A			是
26	东兴证券股份有限公司	AA			是
27	方正证券股份有限公司	A			是
28	高盛高华证券有限责任公司	AA	高盛（亚洲）有限公司 (Goldman Sachs Asia Limited)	33.30%	否
29	光大证券股份有限公司	A	中国光大控股有限公司 (China Everbright Ltd)	29.16%	是
30	广发证券股份有限公司	AA			是
31	广发证券资产管理（广东）有限公司	AA			否
32	广州证券股份有限公司	A			否
33	国都证券股份有限公司	A			是
34	国海证券股份有限公司	A			否

续表

序号	公司名称	年度评级	外资参股情况		是否在香港地区设立分支机构
			境外股东名称	出资比例	
35	国金证券股份有限公司	AA			是
36	国开证券有限责任公司	AA			否
37	国联证券股份有限公司	A			否
38	国盛证券有限责任公司	A			否
39	国泰君安证券股份有限公司	AA			是
40	国信证券股份有限公司	AA			是
41	国元证券股份有限公司	AA			是
42	海际证券有限责任公司	AA			否
43	海通证券股份有限公司	AA			是
44	恒泰长财证券有限责任公司	A			否
45	恒泰证券股份有限公司	A			否
46	红塔证券股份有限公司	A			否
47	宏信证券有限责任公司	A			否
48	华安证券股份有限公司	A			否
49	华宝证券有限责任公司	BB			否
50	华创证券有限责任公司	BBB			否
51	华福证券有限责任公司	A			否
52	华金证券有限责任公司	BBB			否
53	华林证券有限责任公司	A			否
54	华龙证券股份有限公司	A			否
55	华融证券股份有限公司	AA			否
56	华泰联合证券有限责任公司	AA			否
57	华泰证券（上海）资产管理有限公司	AA			否
58	华泰证券股份有限公司	AA			是
59	华西证券股份有限公司	A			否
60	华鑫证券有限责任公司	A			否
61	华英证券有限责任公司	A	苏格兰皇家银行公众有限公司 (The Royal Bank of Scotland plc)	33.30%	否
62	江海证券有限公司	BBB			否
63	金通证券有限责任公司	AA			否
64	金元证券股份有限公司	A			否
65	九州证券有限公司	BB			否
66	开源证券股份有限公司	BBB			否
67	联讯证券股份有限公司	BB			否
68	民生证券股份有限公司	BB			否
69	摩根士丹利华鑫证券有限责任公司	A	摩根士丹利（亚洲）有限公司 Morgan Stanley Asia Limited	33.30%	否
70	南京证券股份有限公司	BBB			否
71	平安证券有限责任公司	B			是

续表

序号	公司名称	年度评级	外资参股情况		是否在香港地区设立分支机构
			境外股东名称	出资比例	
72	齐鲁证券(上海)资产管理有限公司	AA			否
73	中泰证券股份有限公司	AA			否
74	日信证券有限责任公司	BBB			否
75	瑞信方正证券有限责任公司	A	瑞士信贷银行股份有限公司(Credit Suisse AG)	33.30%	否
76	瑞银证券有限责任公司	A	瑞士银行有限公司(UBS AG)	24.99%	否
77	山西证券股份有限公司	A			否
78	上海东方证券资产管理有限公司	AA			否
79	上海光大证券资产管理有限公司	A			否
80	上海国泰君安证券资产管理有限公司	AA			否
81	上海海通证券资产管理有限公司	AA			否
82	上海华信证券有限责任公司	BB			否
83	上海证券有限责任公司	AA			否
84	申万宏源西部证券有限公司	AA			否
85	申万宏源证券承销保荐有限责任公司	AA			否
86	申万宏源证券有限公司	AA			否
87	世纪证券有限责任公司	BBB			否
88	首创证券有限责任公司	BBB			否
89	太平洋证券股份有限公司	A			否
90	天风证券股份有限公司	BBB			是
91	万和证券有限责任公司	BBB			否
92	万联证券有限责任公司	A			否
93	五矿证券有限公司	BB			否
94	西部证券股份有限公司	A			否
95	西藏同信证券股份有限公司	BBB			否
96	西南证券股份有限公司	AA			是
97	湘财证券有限责任公司	A			否
98	新时代证券股份有限公司	BBB			否
99	信达证券股份有限公司	AA			否
100	兴业证券股份有限公司	AA			是
101	兴证证券资产管理有限公司	AA			否
102	银河金汇证券资产管理有限公司	AA			否
103	银泰证券有限责任公司	BB			否
104	英大证券有限责任公司	A			否
105	招商证券股份有限公司	AA			是
106	招商证券资产管理有限公司	AA			否
107	浙江浙商证券资产管理有限公司	A			否
108	浙商证券股份有限公司	A			否

续表

序号	公司名称	年度评级	外资参股情况		是否在香港地区设立分支机构
			境外股东名称	出资比例	
109	中德证券有限责任公司	A	德意志银行股份有限公司(Deutsche Bank AG)	33.30%	否
110	中国国际金融股份有限公司	AA	公众股东 新加坡政府投资公司 TPG Asia V Delaware, L.P. KKR Institutions Investments L.P 名力集团控股有限公司 大东方人寿保险有限公司	65.90%	否
111	中国民族证券有限责任公司	CCC			否
112	中国银河证券股份有限公司	AA			是
113	中国中投证券有限责任公司	AA			是
114	中航证券有限公司	BBB			否
115	中山证券有限责任公司	BBB			否
116	中天证券有限责任公司	BBB			否
117	中信建投证券股份有限公司	AA			是
118	中信证券(山东)有限责任公司	AA			是
119	中信证券股份有限公司	AA			否
120	中银国际证券有限责任公司	AA	中银国际控股有限公司(BOC International Holdings)	37.14%	否
121	中邮证券有限责任公司	BBB			否
122	中原证券股份有限公司	A			是
123	众成证券有限责任公司	BBB			否
124	国盛证券资产管理有限公司	A			否

附表3　基金管理公司一览表

序号	公司名称	外资参股情况		是否在香港地区设立分支机构
		境外股东名称	出资比例	
1	国泰基金管理有限公司	意大利忠利集团(Assicurazioni Generali S.P.A)	30	是
2	南方基金管理有限公司			是
3	华夏基金管理有限公司	加拿大鲍尔公司(POWER CORPORATION OF CANADA)	10	是
4	华安基金管理有限公司			是
5	博时基金管理有限公司			是
6	鹏华基金管理有限公司	意大利欧利盛资本资产管理股份公司(Eurizon Capital SGRS.p.A.)	49	否
7	长盛基金管理有限公司	新加坡星展银行有限公司(DBS BANK LTD.)	33	是
8	嘉实基金管理有限公司	德意志资产管理(亚洲)公司(新加坡注册)(Deutsche Assets Management)	30	是
9	大成基金管理有限公司			是

续表

序号	公司名称	外资参股情况		是否在香港地区设立分支机构
		境外股东名称	出资比例	
10	富国基金管理有限公司	加拿大蒙特利尔银行(BMO)	27.775	是
11	易方达基金管理有限公司			是
12	宝盈基金管理有限公司			
13	融通基金管理有限公司	日兴资产管理公司 (Nikko Asset Management Co., Ltd.)	40	是
14	银华基金管理有限公司			是
15	长城基金管理有限公司			否
16	银河基金管理有限公司			否
17	泰达宏利基金管理有限公司	宏利资产管理（香港）有限公司 (Manulife Asset anagement (Hongkong) Limited)	49	否
18	国投瑞银基金管理有限公司	瑞士银行股份有限公司(UBS AG)	49	是
19	万家基金管理有限公司			否
20	金鹰基金管理有限公司	东亚联丰投资管理有限公司 (BEA Union Investment Management Ltd.)	11	否
21	招商基金管理有限公司			是
22	华宝兴业基金管理有限公司	领先资产管理有限公司 (Lyxor Asset Management S.A.)	49	是
23	摩根士丹利华鑫基金管理有限公司	摩根士丹利国际控股公司 (Morgan Stanley International Holdings Inc.)	37.363	否
24	国联安基金管理有限公司	德国安联集团(Allianz Group)	49	否
25	海富通基金管理有限公司	法国巴黎投资管理BE控股公司 (BNPP IP BE Holding)	49	是
26	长信基金管理有限责任公司			否
27	泰信基金管理有限公司			否
28	天治基金管理有限公司			否
29	景顺长城基金管理有限公司	美国景顺资产管理公司（英国注册） (Invesco Asset Management)	49	否
30	广发基金管理有限公司			是
31	兴业全球基金管理有限公司	荷兰全球人寿保险国际公司 (AEGON International B.V.)	49	否
32	诺安基金管理有限公司			是
33	申万菱信基金管理有限公司	三菱UFJ信托银行株式会社 (SWS MU Fund Management Co., Ltd.)	33	否
34	中海基金管理有限公司	法国爱德蒙得洛希尔银行股份有限公司 (Lacompagnie Financiere Edmond De Rothschild Banque)	25	否
35	光大保德信基金管理有限公司	保德信投资管理有限公司 (Pramerical Investment Management)	45	否
36	华富基金管理有限公司			否
37	上投摩根基金管理有限公司	摩根富林明资产管理有限公司 (J.P. Morgan Asset Management (U.K.) Limited)	49	是
38	东方基金管理有限责任公司			否

续表

序号	公司名称	外资参股情况		是否在香港地区设立分支机构
		境外股东名称	出资比例	
39	中银基金管理有限公司	贝莱德投资管理(英国)有限公司(Blackrock Investment Management (UK) Ltd.)	16.5	否
40	东吴基金管理有限公司			否
41	国海富兰克林基金管理有限公司	美国坦伯顿国际股份有限公司(Templeton International Inc.)	49	否
42	天弘基金管理有限公司			否
43	华泰柏瑞基金管理有限公司	柏瑞投资有限责任公司(PineBridge Investments LLC)	49	否
44	新华基金管理股份有限公司			否
45	汇添富基金管理有限公司			是
46	工银瑞信基金管理有限公司	瑞士信贷银行股份有限公司(Credit Suisse AG)	20	是
47	交银施罗德基金管理有限公司	施罗德投资管理公司(Schroder Investment Management Limited)	30	是
48	信诚基金管理有限公司	英国保诚集团股份有限公司(Prudential Group)	49	否
49	建信基金管理有限责任公司	美国信安金融服务公司(Principal Financial Services, Inc.)	25	否
50	华商基金管理有限公司			否
51	汇丰晋信基金管理有限公司	汇丰环球投资管理(英国)有限公司(HSBC Investments (UK) Limited)	49	否
52	益民基金管理有限公司			否
53	中邮创业基金管理股份有限公司	三井住友银行股份有限公司(Sumitomo Mitsui Banking Corporation)	24	是
54	信达澳银基金管理有限公司			否
55	诺德基金管理有限公司			否
56	中欧基金管理有限公司	意大利意联银行股份合作公司(Unione di Banche Italiane S.c.p.a)	35	否
57	金元惠理基金管理有限公司	惠理基金管理香港有限公司(Value Parters HongKong Limited)	49	否
58	浦银安盛基金管理有限公司	法国安盛投资管理公司(AXA Investment Managers)	39	否
59	农银汇理基金管理有限公司	东方汇理资产管理公司(Credit Agricole Asset Management)	33.33	否
60	民生加银基金管理有限公司	加拿大皇家银行(Royal Bank of Canada)	30	否
61	西部利得基金管理有限公司			否
62	浙商基金管理有限公司			否
63	平安大华基金管理有限公司	大华资产管理有限公司(UOB Asset Management Ltd.)	25	否
64	富安达基金管理有限公司			否
65	财通基金管理有限公司			否
66	方正富邦基金管理有限公司	富邦证券投资信托股份有限公司(Fubon Asset Management Co.,Ltd.)	33.33	否

续表

序号	公司名称	外资参股情况		是否在香港地区设立分支机构
		境外股东名称	出资比例	
67	长安基金管理有限公司			否
68	国金基金管理有限公司			否
69	安信基金管理有限责任公司			否
70	德邦基金管理有限公司			否
71	华宸未来基金管理有限公司	未来资产基金管理公司 (Mirae Asset Global Investments Co., Ltd.)	25	否
72	红塔红土基金管理有限公司			否
73	英大基金管理有限公司			否
74	江信基金管理有限公司			否
75	中原英石基金管理有限公司	安石投资管理有限公司 (Ashmore Investment Management Limited)	49	否
76	华润元大基金管理有限公司	元大宝来证券投资信托股份有限公司 (Yuanta Securities Investment Trust Co., Ltd.)	49	否
77	前海开源基金管理有限公司			否
78	东海基金管理有限责任公司			否
79	中加基金管理有限公司	加拿大丰业银行(Bank of Nova Scotia)	33	是
80	兴业基金管理有限公司			否
81	中融基金管理有限公司			否
82	国开泰富基金管理有限责任公司	国泰证券投资信托股份有限公司 (Cathay Securities Investment Trust Co., Ltd.)	33.33	否
83	中信建投基金管理有限公司			否
84	上银基金管理有限公司			否
85	鑫元基金管理有限公司			否
86	永赢基金管理有限公司	利安资金管理公司 (Lion Global Investors Limited)	10	否
87	华福基金管理有限责任公司			否
88	国寿安保基金管理有限公司	安保资本投资有限公司 (AMP Capital Investors Limited)	14.97	否
89	圆信永丰基金管理有限公司	永丰证券投资信托股份有限公司 (SinoPac Securities Investment Trust Co., Ltd.)	49	否
90	中金基金管理有限公司			否
91	北信瑞丰基金管理有限公司			否
92	红土创新基金管理有限公司			否
93	嘉合基金管理有限公司			否
94	创金合信基金管理有限公司			否
95	九泰基金管理有限公司			否
96	泓德基金管理有限公司			否
97	金信基金管理有限公司			否
98	新疆前海联合基金管理有限公司			否
99	新沃基金管理有限公司			否
100	中科沃土基金管理有限公司			否
101	富荣基金管理有限公司			否

附表4 期货公司一览表

序号	公司名称	年度评级	外资参股情况		是否在香港地区设立分支机构
			境外股东名称	出资比例	
1	安粮期货有限公司	BBB			否
2	安信期货有限责任公司	A			否
3	宝城期货有限责任公司	A			否
4	北京首创期货有限责任公司	A			否
5	倍特期货有限公司	A			否
6	渤海期货股份有限公司	BB			否
7	财达期货有限公司	B			否
8	中金期货有限公司	BB			否
9	长安期货有限公司	B			否
10	长江期货有限公司	AA			否
11	创元期货股份有限公司	B			否
12	大地期货有限公司	A			否
13	大连良运期货经纪有限公司	BB			否
14	大通期货经纪有限公司	B			否
15	大有期货有限公司	B			否
16	大越期货股份有限公司	BB			否
17	道通期货经纪有限公司	BBB			否
18	德盛期货有限公司	CCC			否
19	第一创业期货有限责任公司	B			否
20	东方汇金期货有限公司	CC			否
21	东海期货有限责任公司	A			否
22	东航期货有限责任公司	CCC			否
23	东吴期货有限公司	BBB			否
24	东兴期货有限责任公司	BBB			否
25	方正中期期货有限公司	AA			否
26	格林大华期货有限公司	A			是
27	冠通期货有限公司	BBB			否
28	光大期货有限公司	AA			否
29	广发期货有限公司	AA			是
30	广永期货有限公司	CCC			否
31	广州期货股份有限公司	BBB			否
32	国都期货有限公司	CCC			否
33	国富期货有限公司	B			否
34	国海良时期货有限公司	A			否
35	国金期货有限责任公司	CCC			否
36	国联期货股份有限公司	A			否
37	国贸期货有限公司	BBB			否
38	国泰君安期货有限公司	AA			否
39	国投中谷期货经纪有限公司	A			否

续表

序号	公司名称	年度评级	外资参股情况		是否在香港地区设立分支机构
			境外股东名称	出资比例	
40	国信期货有限责任公司	AA			否
41	国元期货有限公司	BBB			否
42	海航东银期货有限公司	BBB			否
43	海通期货有限公司	AA			否
44	海证期货有限公司	B			否
45	和合期货经纪有限公司	BB			否
46	和融期货有限责任公司	B			否
47	河北恒银期货经纪有限公司	CC			否
48	黑龙江时代期货经纪有限公司	B			否
49	恒泰期货有限公司	BB			否
50	弘业期货股份有限公司	A			否
51	红塔期货有限责任公司	CCC			否
52	宏源期货有限公司	A			否
53	华安期货有限责任公司	BBB			否
54	华创期货有限责任公司	BB			否
55	华海期货有限公司	B			否
56	华联期货有限公司	CCC			否
57	华龙期货股份有限公司	BB			否
58	华融期货有限责任公司	BB			否
59	华泰期货有限公司	AA			是
60	华闻期货有限公司	BB			否
61	华西期货有限责任公司	BBB			否
62	华鑫期货有限公司	BB			否
63	徽商期货有限责任公司	BBB			否
64	混沌天成期货股份有限公司	BBB			否
65	集成期货股份有限公司	B			否
66	建信期货有限责任公司	BBB			否
67	江海汇鑫期货有限公司	B			否
68	江苏东华期货有限公司	BB			否
69	江西瑞奇期货经纪有限公司	BB			否
70	江信国盛期货有限责任公司	BB			否
71	金谷期货有限公司	BBB			否
72	金鹏期货经纪有限公司	BB			否
73	金瑞期货股份有限公司	A			是
74	金石期货有限公司	BB			否
75	金信期货有限公司	B			否
76	福能期货股份有限公司	CCC			否
77	金元期货有限公司	BB			否
78	津投期货经纪有限公司	B			否
79	锦泰期货有限公司	BBB			否
80	鲁证期货股份有限公司	AA			否

续表

序号	公司名称	年度评级	外资参股情况		是否在香港地区设立分支机构
			境外股东名称	出资比例	
81	迈科期货经纪有限公司	A			否
82	美尔雅期货有限公司	BBB			否
83	民生期货有限公司	CCC			否
84	摩根大通期货有限公司	BB	摩根大通经纪(香港)有限公司(JP Morgan Broking (Hong Kong Limited))	49%	否
85	南华期货股份有限公司	AA			是
86	南证期货有限责任公司	CCC			否
87	平安期货有限公司	BBB			否
88	乾坤期货有限公司	BBB			否
89	瑞达期货股份有限公司	A			否
90	瑞银期货有限责任公司	BB			否
91	山金期货有限公司	B			否
92	山西三立期货经纪有限公司	C			否
93	上海大陆期货有限公司	BBB			否
94	上海东方期货经纪有限责任公司	CCC			否
95	上海东亚期货有限公司	BBB			否
96	上海东证期货有限公司	A			否
97	通惠期货有限公司	BB			否
98	上海浙石期货经纪有限公司	BBB			否
99	上海中财期货有限公司	BB			否
100	上海中期期货经纪有限公司	A			否
101	申银万国期货有限公司	AA			否
102	深圳金汇期货经纪有限公司	BB			否
103	深圳瑞龙期货有限公司	B			否
104	神华期货有限公司	BB			否
105	晟鑫期货经纪有限公司	B			否
106	盛达期货有限公司	CC			否
107	首创京都期货有限公司	B			否
108	天风期货股份有限公司	BBB			否
109	天富期货有限公司	CC			否
110	天鸿期货经纪有限公司	B			否
111	同信久恒期货有限责任公司	BB			否
112	铜冠金源期货有限公司	BBB			否
113	万达期货股份有限公司	AA			否
114	文峰期货有限公司	BB			否
115	五矿经易期货有限公司	AA			否
116	西部期货有限公司	CCC			否
117	西南期货有限公司	BBB			否
118	新湖期货有限公司	A			否
119	新纪元期货有限公司	BBB			否

续表

序号	公司名称	年度评级	外资参股情况		是否在香港地区设立分支机构
			境外股东名称	出资比例	
120	新疆天利期货经纪有限公司	CCC			否
121	新晟期货有限公司	B			否
122	鑫鼎盛期货经纪有限公司	B			否
123	信达期货有限公司	BBB			否
124	兴业期货有限公司	BB			否
125	兴证期货有限公司	A			否
126	一德期货有限公司	A			否
127	银河期货有限公司	AA	苏皇金融期货亚洲有限公司 (RBS Asia Futures Limited)	16.68%	否
128	银建期货经纪有限责任公司	B			否
129	英大期货有限公司	BBB			否
130	永安期货股份有限公司	AA			是
131	云晨期货有限责任公司	BB			否
132	招金期货有限公司	BBB			否
133	招商期货有限公司	AA			否
134	浙江新世纪期货有限公司	BBB			否
135	浙商期货有限公司	AA			否
136	中大期货有限公司	A			否
137	中电投先融期货有限公司	B			否
138	中钢期货有限公司	A			否
139	中国国际期货有限公司	AA			是
140	中航期货有限公司	BB			否
141	中辉期货经纪有限公司	BBB			否
142	中粮期货有限公司	AA			否
143	中融汇信期货有限公司	BBB			否
144	中投天琪期货有限公司	A			否
145	中信建投期货有限公司	A			否
146	中信期货有限公司	AA			否
147	中衍期货有限公司	BBB			否
148	中银国际期货有限责任公司	BBB			否
149	中原期货有限公司	BB			否
150	中州期货有限公司	BB			否

附表5　合格境外机构投资者一览表

序号	合格境外机构投资者名称	批准时间	注册地
1	瑞士银行	2003年5月23日	瑞士
2	野村证券株式会社	2003年5月23日	日本
3	摩根士丹利国际股份有限公司	2003年6月5日	英国
4	花旗环球金融有限公司	2003年6月5日	英国

续表

序号	合格境外机构投资者名称	批准时间	注册地
5	高盛公司	2003年7月4日	美国
6	德意志银行	2003年7月30日	德国
7	香港上海汇丰银行有限公司	2003年8月4日	中国香港
8	荷兰安智银行股份有限公司	2003年9月10日	荷兰
9	摩根大通银行	2003年9月30日	美国
10	瑞士信贷（香港）有限公司	2003年10月24日	中国香港
11	渣打银行（香港）有限公司	2003年12月11日	中国香港
12	日兴资产管理有限公司	2003年12月11日	日本
13	美林国际	2004年4月30日	英国
14	恒生银行有限公司	2004年5月10日	中国香港
15	大和证券资本市场株式会社	2004年5月10日	日本
16	比尔及梅林达盖茨信托基金会	2004年7月19日	美国
17	景顺资产管理有限公司	2004年8月4日	英国
18	苏格兰皇家银行有限公司	2004年9月2日	荷兰
19	法国兴业银行	2004年9月2日	法国
20	巴克莱银行	2004年9月15日	英国
21	德国商业银行	2004年9月27日	德国
22	法国巴黎银行	2004年9月29日	法国
23	加拿大鲍尔公司	2004年10月15日	加拿大
24	东方汇理银行	2004年10月15日	法国
25	高盛国际资产管理公司	2005年5月9日	英国
26	马丁可利投资管理有限公司	2005年10月25日	英国
27	新加坡政府投资有限公司	2005年10月25日	新加坡
28	柏瑞投资有限责任公司	2005年11月14日	美国
29	淡马锡富敦投资有限公司	2005年11月15日	新加坡
30	JF资产管理有限公司	2005年12月28日	中国香港
31	日本第一生命保险株式会社	2005年12月28日	日本
32	星展银行有限公司	2006年2月13日	新加坡
33	安保资本投资有限公司	2006年4月10日	澳大利亚
34	加拿大丰业银行	2006年4月10日	加拿大
35	比联金融产品英国有限公司	2006年4月10日	英国
36	爱德蒙得洛希尔（法国）	2006年4月10日	法国
37	耶鲁大学	2006年4月14日	美国
38	摩根士丹利投资管理公司	2006年7月7日	美国
39	瀚亚投资（香港）有限公司	2006年7月7日	中国香港
40	斯坦福大学	2006年8月5日	美国

续表

序号	合格境外机构投资者名称	批准时间	注册地
41	通用电气资产管理公司	2006年8月5日	美国
42	大华银行有限公司	2006年8月5日	新加坡
43	施罗德投资管理有限公司	2006年8月29日	英国
44	汇丰环球投资管理（香港）有限公司	2006年9月5日	中国香港
45	瑞穗证券株式会社	2006年9月5日	日本
46	瑞银资产管理（新加坡）有限公司	2006年9月25日	新加坡
47	三井住友资产管理株式会社	2006年9月25日	日本
48	挪威中央银行	2006年10月24日	挪威
49	百达资产管理有限公司	2006年10月25日	英国
50	哥伦比亚大学	2008年3月12日	美国
51	荷宝基金管理公司	2008年5月5日	荷兰
52	道富环球投资管理亚洲有限公司	2008年5月16日	中国香港
53	铂金投资管理有限公司	2008年6月2日	澳大利亚
54	比利时联合资产管理有限公司	2008年6月2日	比利时
55	未来资产基金管理公司	2008年7月25日	韩国
56	安达国际控股有限公司	2008年8月5日	美国
57	魁北克储蓄投资集团	2008年8月22日	加拿大
58	哈佛大学	2008年8月22日	美国
59	三星资产运用株式会社	2008年8月25日	韩国
60	联博有限公司	2008年8月28日	英国
61	华侨银行有限公司	2008年8月28日	新加坡
62	首域投资管理（英国）有限公司	2008年9月11日	英国
63	大和证券投资信托株式会社	2008年9月11日	日本
64	壳牌资产管理有限公司	2008年9月12日	荷兰
65	普信投资公司	2008年9月12日	美国
66	瑞士信贷银行股份有限公司	2008年10月14日	瑞士
67	大华资产管理有限公司	2008年11月28日	新加坡
68	阿布达比投资局	2008年12月3日	阿联酋
69	安联环球投资有限公司	2008年12月16日	卢森堡
70	资本国际公司	2008年12月18日	美国
71	三菱日联摩根士丹利证券股份有限公司	2008年12月29日	日本
72	韩华资产运用株式会社	2009年2月5日	韩国
73	安石股票投资管理（美国）有限公司	2009年2月10日	美国
74	DWS投资管理有限公司	2009年2月24日	卢森堡
75	韩国产业银行	2009年4月23日	韩国
76	韩国友利银行股份有限公司	2009年5月4日	韩国

续表

序号	合格境外机构投资者名称	批准时间	注册地
77	马来西亚国家银行	2009年5月19日	马来西亚
78	罗祖儒投资管理（香港）有限公司	2009年5月27日	中国香港
79	邓普顿投资顾问有限公司	2009年6月5日	美国
80	东亚联丰投资管理有限公司	2009年6月18日	中国香港
81	三井住友信托银行股份有限公司	2009年6月26日	日本
82	韩国投资信托运用株式会社	2009年7月21日	韩国
83	霸菱资产管理有限公司	2009年8月6日	英国
84	安石投资管理有限公司	2009年9月14日	英国
85	纽约梅隆资产管理国际有限公司	2009年11月6日	英国
86	宏利资产管理（香港）有限公司	2009年11月20日	中国香港
87	野村资产管理株式会社	2009年11月23日	日本
88	东洋资产运用（株）	2009年12月11日	韩国
89	加拿大皇家银行	2009年12月23日	加拿大
90	英杰华投资集团全球服务有限公司	2009年12月28日	英国
91	常青藤资产管理公司	2010年2月8日	美国
92	达以安资产管理公司	2010年4月20日	日本
93	法国欧菲资产管理公司	2010年5月21日	法国
94	安本亚洲资产管理公司	2010年7月6日	新加坡
95	KB资产运用	2010年8月9日	韩国
96	富达基金（香港）有限公司	2010年9月1日	中国香港
97	美盛投资（欧洲）有限公司	2010年10月8日	英国
98	香港金融管理局	2010年10月27日	中国香港
99	富邦证券投资信托股份有限公司	2010年10月29日	中国台湾
100	群益证券投资信托股份有限公司	2010年10月29日	中国台湾
101	蒙特利尔银行投资公司	2010年12月6日	加拿大
102	瑞士宝盛银行	2010年12月14日	瑞士
103	科提比资产运用株式会社	2010年12月28日	韩国
104	领先资产管理	2011年2月16日	法国
105	元大证券投资信托股份有限公司	2011年3月4日	中国台湾
106	忠利保险有限公司	2011年3月18日	意大利
107	西班牙对外银行有限公司	2011年5月6日	西班牙
108	国泰证券投资信托股份有限公司	2011年6月9日	中国台湾
109	复华证券投资信托股份有限公司	2011年6月9日	中国台湾
110	亢简资产管理公司	2011年6月24日	法国
111	东方汇理资产管理香港有限公司	2011年7月14日	中国香港
112	贝莱德机构信托公司	2011年7月14日	美国

续表

序号	合格境外机构投资者名称	批准时间	注册地
113	GMO有限责任公司	2011年8月9日	美国
114	新加坡金融管理局	2011年10月8日	新加坡
115	中国人寿保险股份有限公司（台湾）	2011年10月26日	中国台湾
116	新光人寿保险股份有限公司	2011年10月26日	中国台湾
117	普林斯顿大学	2011年11月25日	美国
118	新光投信株式会社	2011年11月25日	日本
119	加拿大年金计划投资委员会	2011年12月9日	加拿大
120	泛达公司	2011年12月9日	美国
121	瀚博环球投资公司	2011年12月13日	美国
122	安耐德合伙人有限公司	2011年12月13日	美国
123	泰国银行	2011年12月16日	泰国
124	科威特政府投资局	2011年12月21日	科威特
125	北美信托环球投资公司	2011年12月21日	英国
126	台湾人寿保险股份有限公司	2011年12月21日	中国台湾
127	韩国银行	2011年12月21日	韩国
128	安大略省教师养老金计划委员会	2011年12月22日	加拿大
129	韩国投资公司	2011年12月28日	韩国
130	罗素投资爱尔兰有限公司	2011年12月28日	爱尔兰
131	迈世勒资产管理有限责任公司	2011年12月31日	德国
132	华宜资产运用有限公司	2011年12月31日	韩国
133	新韩法国巴黎资产运用株式会社	2012年1月5日	韩国
134	家庭医生退休基金	2012年1月5日	荷兰
135	国民年金公团（韩国）	2012年1月5日	韩国
136	三商美邦人寿保险股份有限公司	2012年1月30日	中国台湾
137	保德信证券投资信托股份有限公司	2012年1月31日	中国台湾
138	信安环球投资有限公司	2012年1月31日	美国
139	医院管理局公积金计划	2012年1月31日	中国香港
140	全球人寿保险股份有限公司	2012年2月3日	中国台湾
141	大众信托基金有限公司	2012年2月3日	马来西亚
142	明治安田资产管理有限公司	2012年2月27日	日本
143	国泰人寿保险股份有限公司	2012年2月28日	中国台湾
144	三井住友银行株式会社	2012年2月28日	日本
145	富邦人寿保险股份有限公司	2012年3月1日	中国台湾
146	友邦保险有限公司	2012年3月5日	中国香港
147	纽伯格伯曼欧洲有限公司	2012年3月5日	英国
148	马来西亚国库控股公司	2012年3月7日	马来西亚

续表

序号	合格境外机构投资者名称	批准时间	注册地
149	资金研究与管理公司	2012年3月9日	美国
150	日本东京海上资产管理株式会社	2012年3月14日	日本
151	韩亚金融投资株式会社	2012年3月29日	韩国
152	兴元资产管理有限公司	2012年3月30日	美国
153	伦敦市投资管理有限公司	2012年3月30日	英国
154	摩根资产管理（英国）有限公司	2012年3月30日	英国
155	冈三资产管理股份有限公司	2012年3月30日	日本
156	预知投资管理公司	2012年4月18日	南非
157	东部资产运用株式会社	2012年4月20日	韩国
158	骏利资产管理有限公司	2012年4月20日	美国
159	瑞穗投信投资顾问有限公司	2012年4月26日	日本
160	瀚森全球投资有限公司	2012年4月28日	英国
161	欧利盛资产管理有限公司	2012年5月2日	卢森堡
162	中银国际英国保诚资产管理有限公司	2012年5月3日	中国香港
163	富敦资金管理有限公司	2012年5月4日	新加坡
164	利安资金管理公司	2012年5月7日	新加坡
165	忠利银行基金管理卢森堡有限责任公司	2012年5月23日	卢森堡
166	威廉博莱公司	2012年5月24日	美国
167	天达资产管理有限公司	2012年5月28日	英国
168	安智投资管理亚太（香港）有限公司	2012年6月4日	中国香港
169	三菱日联国际资产管理公司	2012年6月4日	日本
170	中银集团人寿保险有限公司	2012年7月12日	中国香港
171	霍尔资本有限公司	2012年8月6日	美国
172	得克萨斯大学体系董事会	2012年8月6日	美国
173	南山人寿保险股份有限公司	2012年8月6日	中国台湾
174	SUVA瑞士国家工伤保险机构	2012年8月13日	瑞士
175	不列颠哥伦比亚省投资管理公司	2012年8月17日	加拿大
176	惠理基金管理香港有限公司	2012年8月21日	中国香港
177	安大略退休金管理委员会	2012年8月29日	加拿大
178	教会养老基金	2012年8月31日	美国
179	麦格理银行有限公司	2012年9月4日	澳大利亚
180	瑞典第二国家养老金	2012年9月20日	瑞典
181	海通资产管理（香港）有限公司	2012年9月20日	中国香港
182	IDG资本管理（香港）有限公司	2012年9月20日	中国香港
183	杜克大学	2012年9月24日	美国
184	卡塔尔控股有限责任公司	2012年9月25日	卡塔尔

续表

序号	合格境外机构投资者名称	批准时间	注册地
185	瑞士盈丰银行股份有限公司	2012年9月26日	瑞士
186	海拓投资管理公司	2012年10月26日	美国
187	奥博医疗顾问有限公司	2012年10月26日	美国
188	新思路投资有限公司	2012年10月26日	新加坡
189	贝莱德资产管理北亚有限公司	2012年10月26日	中国香港
190	摩根证券投资信托股份有限公司	2012年11月5日	中国台湾
191	全球保险集团美国投资管理有限公司	2012年11月5日	美国
192	鼎晖投资咨询新加坡有限公司	2012年11月7日	新加坡
193	瑞典北欧斯安银行有限公司	2012年11月12日	瑞典
194	嘉实国际资产管理有限公司	2012年11月12日	中国香港
195	灰石投资管理有限公司	2012年11月21日	加拿大
196	统一证券投资信托股份有限公司	2012年11月21日	中国台湾
197	大和住银投信投资顾问株式会社	2012年11月19日	日本
198	毕盛资产管理有限公司	2012年11月27日	新加坡
199	中信证券国际投资管理（香港）有限公司	2012年12月11日	中国香港
200	太平洋投资策略有限公司	2012年12月11日	中国香港
201	易方达资产管理（香港）有限公司	2012年12月11日	中国香港
202	高瓴资本管理有限公司	2012年12月11日	新加坡
203	永丰证券投资信托股份有限公司	2012年12月13日	中国台湾
204	华夏基金（香港）有限公司	2012年12月25日	中国香港
205	宜思投资管理有限责任公司	2013年1月7日	瑞典
206	第一金证券投资信托股份有限公司	2013年1月24日	中国台湾
207	太平洋投资管理公司亚洲私营有限公司	2013年1月24日	新加坡
208	瑞银资产管理（香港）有限公司	2013年1月24日	中国香港
209	南方东英资产管理有限公司	2013年1月31日	中国香港
210	EJS投资管理有限公司	2013年1月31日	瑞士
211	国泰君安资产管理（亚洲）有限公司	2013年2月21日	中国香港
212	泰康资产管理（香港）有限公司	2013年2月22日	中国香港
213	招商证券资产管理（香港）有限公司	2013年2月22日	中国香港
214	现代证券株式会社	2013年3月22日	韩国
215	工银亚洲投资管理有限公司	2013年3月25日	中国香港
216	亚洲资本再保险集团私人有限公司	2013年4月11日	新加坡
217	AZ基金管理股份有限公司	2013年4月11日	卢森堡
218	台新证券投资信托股份有限公司	2013年4月27日	中国台湾
219	海富通资产管理（香港）有限公司	2013年5月7日	中国香港
220	汇丰中华证券投资信托股份有限公司	2013年5月10日	中国台湾

续表

序号	合格境外机构投资者名称	批准时间	注册地
221	太平资产管理（香港）有限公司	2013年5月15日	中国香港
222	中国国际金融香港资产管理有限公司	2013年5月16日	中国香港
223	中国光大资产管理有限公司	2013年5月30日	中国香港
224	博时基金（国际）有限公司	2013年6月4日	中国香港
225	兆丰国际证券投资信托股份有限公司	2013年6月4日	中国台湾
226	法国巴黎投资管理亚洲有限公司	2013年6月19日	中国香港
227	圣母大学	2013年6月19日	美国
228	纽堡亚洲	2013年7月15日	美国
229	华南永昌证券投资信托股份有限公司	2013年7月15日	中国台湾
230	景林资产管理香港有限公司	2013年7月15日	中国香港
231	中国信托人寿保险股份有限公司	2013年8月20日	中国台湾
232	凯思博投资管理（香港）有限公司	2013年8月20日	中国香港
233	富邦产物保险股份有限公司	2013年8月26日	中国台湾
234	欧特咨询有限公司	2013年8月26日	英国
235	盛树投资管理有限公司	2013年8月26日	新加坡
236	广发国际资产管理有限公司	2013年9月26日	中国香港
237	梅奥诊所	2013年9月29日	美国
238	国信证券（香港）资产管理有限公司	2013年9月29日	中国香港
239	新加坡科技资产管理有限公司	2013年10月18日	新加坡
240	政府养老基金（泰国）	2013年10月24日	泰国
241	狮诚控股国际私人有限公司	2013年10月30日	新加坡
242	CSAM资产管理有限公司	2013年10月30日	新加坡
243	中国人寿富兰克林资产管理有限公司	2013年10月30日	中国香港
244	福特基金会	2013年10月31日	美国
245	瑞银韩亚资产运用株式会社	2013年10月31日	韩国
246	国泰世华商业银行股份有限公司	2013年11月7日	中国台湾
247	立陶宛银行	2013年11月23日	立陶宛
248	富兰克林华美证券投资信托股份有限公司	2013年11月23日	中国台湾
249	中国信托商业银行股份有限公司	2013年11月23日	中国台湾
250	华盛顿大学	2014年1月23日	美国
251	澳门金融管理局	2014年1月27日	中国澳门
252	史帝夫尼可洛司股份有限公司	2014年1月27日	美国
253	职总英康保险合作社有限公司	2014年1月27日	新加坡
254	Invesco PowerShares资产管理有限公司	2014年1月27日	美国
255	苏黎世欧洲再保险股份有限公司	2014年1月27日	瑞士
256	Nordea投资管理公司	2014年1月27日	瑞典
257	华顿证券投资信托股份有限公司	2014年3月11日	中国台湾

续表

序号	合格境外机构投资者名称	批准时间	注册地
258	喀斯喀特有限责任公司	2014年3月11日	美国
259	铭基国际投资公司	2014年3月12日	美国
260	奥本海默基金公司	2014年3月19日	美国
261	高观投资有限公司	2014年4月8日	中国香港
262	台新国际商业银行股份有限公司	2014年6月3日	中国台湾
263	花旗集团基金管理有限公司	2014年6月16日	中国香港
264	爱斯普乐基金管理公司	2014年7月24日	韩国
265	彭博家族基金会	2014年7月25日	美国
266	石溪集团	2014年7月28日	美国
267	麻省理工学院	2014年9月19日	美国
268	万金全球香港有限公司	2014年9月22日	中国香港
269	高盛国际	2014年9月22日	英国
270	安盛基金管理有限公司	2014年10月8日	卢森堡
271	国投瑞银资产管理（香港）有限公司	2014年12月1日	中国香港
272	工银瑞信资产管理（国际）有限公司	2014年12月4日	中国香港
273	中信证券经纪（香港）有限公司	2014年12月24日	中国香港
274	申万宏源投资管理（亚洲）有限公司	2014年12月30日	中国香港
275	宾夕法尼亚大学校董会	2015年1月5日	美国
276	广发资产管理（香港）有限公司	2015年1月7日	中国香港
277	麦盛资产管理（亚洲）有限公司	2015年1月22日	中国香港
278	玉山商业银行股份有限公司	2015年2月27日	中国台湾
279	汇添富资产管理（香港）有限公司	2015年2月27日	中国香港
280	加利福尼亚大学校董会	2015年3月25日	美国
281	富国资产管理（香港）有限公司	2015年4月8日	中国香港
282	文莱投资局	2015年5月7日	文莱
283	台湾银行股份有限公司	2015年5月20日	中国台湾
284	淡水泉（香港）投资管理有限公司	2015年5月20日	中国香港
285	德盛安联证券投资信托股份有限公司	2015年5月21日	中国台湾
286	安信资产管理（香港）有限公司	2015年6月2日	中国香港
287	日盛证券投资信托股份有限公司	2015年6月2日	中国台湾
288	泛亚投资管理有限公司	2015年6月29日	瑞士
289	建银国际资产管理有限公司	2015年7月28日	中国香港
290	忠诚保险有限公司	2015年8月31日	葡萄牙
291	挚信投资顾问（香港）有限公司	2015年10月12日	中国香港
292	瀚亚证券投资信托股份有限公司	2015年11月2日	中国台湾
293	柏瑞证券投资信托股份有限公司	2015年11月24日	中国台湾
294	农银国际资产管理有限公司	2015年11月24日	中国香港

附表6　合格境外机构投资者托管行一览表

序号	QFII托管行中文名称	序号	QFII托管行中文名称
1	汇丰银行（中国）有限公司	11	德意志银行（中国）有限公司
2	花旗银行（中国）有限公司	12	新加坡星展银行
3	渣打银行（中国）有限公司	13	中国中信银行股份有限公司
4	中国工商银行股份有限公司	14	上海浦东发展银行股份有限公司
5	中国银行股份有限公司	15	中国民生银行股份有限公司
6	中国农业银行股份有限公司	16	三菱东京日联银行（中国）有限公司
7	交通银行股份有限公司	17	兴业银行股份有限公司
8	中国建设银行股份有限公司	18	平安银行股份有限公司
9	中国光大银行股份有限公司	19	华夏银行股份有限公司
10	中国招商银行股份有限公司	—	—

附表7　人民币合格境外机构投资者一览表

序号	人民币合格境外机构投资者名称	批准时间
1	南方东英资产管理有限公司	2011年12月21日
2	易方达资产管理（香港）有限公司	2011年12月21日
3	嘉实国际资产管理有限公司	2011年12月21日
4	华夏基金（香港）有限公司	2011年12月21日
5	大成国际资产管理有限公司	2011年12月21日
6	汇添富资产管理（香港）有限公司	2011年12月21日
7	博时基金（国际）有限公司	2011年12月21日
8	海富通资产管理（香港）有限公司	2011年12月21日
9	华安资产管理（香港）有限公司	2011年12月21日
10	中国国际金融（香港）有限公司	2011年12月22日
11	国信证券（香港）金融控股有限公司	2011年12月22日
12	光大证券金融控股有限公司	2011年12月22日
13	华泰金融控股（香港）有限公司	2011年12月22日
14	国泰君安金融控股有限公司	2011年12月22日
15	海通国际控股有限公司	2011年12月22日
16	广发控股（香港）有限公司	2011年12月22日
17	招商证券国际有限公司	2011年12月22日
18	申万宏源（国际）集团有限公司	2011年12月22日
19	中信证券国际有限公司	2011年12月22日
20	安信国际金融控股有限公司	2011年12月22日

续表

序号	人民币合格境外机构投资者名称	批准时间
21	国元证券(香港)有限公司	2011年12月22日
22	工银瑞信资产管理(国际)有限公司	2012年8月7日
23	广发国际资产管理有限公司	2012年8月7日
24	上投摩根资产管理(香港)有限公司	2012年10月26日
25	国投瑞银资产管理(香港)有限公司	2012年12月17日
26	富国资产管理(香港)有限公司	2012年12月17日
27	诺安基金(香港)有限公司	2013年2月22日
28	泰康资产管理(香港)有限公司	2013年3月14日
29	建银国际资产管理有限公司	2013年3月25日
30	兴证(香港)金融控股有限公司	2013年4月25日
31	中国人寿富兰克林资产管理有限公司	2013年5月15日
32	农银国际资产管理有限公司	2013年5月15日
33	中投证券(香港)金融控股有限公司	2013年5月16日
34	东方金融控股(香港)有限公司	2013年5月23日
35	工银亚洲投资管理有限公司	2013年6月4日
36	恒生投资管理有限公司	2013年6月4日
37	太平资产管理(香港)有限公司	2013年6月19日
38	中银香港资产管理有限公司	2013年7月15日
39	横华国际资产管理有限公司	2013年7月15日
40	长江证券控股(香港)有限公司	2013年7月15日
41	中国平安资产管理(香港)有限公司	2013年7月19日
42	信达国际资产管理有限公司	2013年7月19日
43	丰收投资管理(香港)有限公司	2013年7月19日
44	汇丰环球投资管理(香港)有限公司	2013年7月19日
45	东亚银行有限公司	2013年8月15日
46	永丰金资产管理(亚洲)有限公司	2013年8月15日
47	交银国际资产管理有限公司	2013年8月20日
48	中国东方国际资产管理有限公司	2013年8月20日
49	惠理基金管理香港有限公司	2013年8月20日
50	柏瑞投资香港有限公司	2013年9月26日
51	创兴银行有限公司	2013年9月26日
52	JF资产管理有限公司	2013年10月30日
53	未来资产环球投资(香港)有限公司	2013年10月30日
54	香港沪光国际投资管理有限公司	2013年10月30日
55	中国光大资产管理有限公司	2013年10月30日
56	中信建投(国际)金融控股有限公司	2013年10月30日

续表

序号	人民币合格境外机构投资者名称	批准时间
57	粤海证券有限公司	2013年12月6日
58	中国银河国际金融控股有限公司	2013年12月11日
59	安石投资管理有限公司	2013年12月17日
60	瑞银环球资产管理(香港)有限公司	2013年12月19日
61	永隆资产管理有限公司	2013年12月30日
62	景林资产管理香港有限公司	2014年1月10日
63	华宝兴业资产管理(香港)有限公司	2014年1月20日
64	易亚投资管理有限公司	2014年1月27日
65	麦格理基金管理(香港)有限公司	2014年1月27日
66	道富环球投资管理亚洲有限公司	2014年1月27日
67	嘉理资产管理有限公司	2014年3月6日
68	施罗德投资管理(香港)有限公司	2014年3月6日
69	贝莱德资产管理北亚有限公司	2014年3月11日
70	交银施罗德资产管理(香港)有限公司	2014年3月12日
71	越秀资产管理有限公司	2014年3月26日
72	润晖投资管理香港有限公司	2014年3月27日
73	赤子之心资本亚洲有限公司	2014年4月15日
74	招商资产(香港)有限公司	2014年5月21日
75	富达基金(香港)有限公司	2014年5月21日
76	日兴资产管理亚洲有限公司	2014年5月21日
77	毕盛资产管理有限公司	2014年5月21日
78	富敦资金管理有限公司	2014年5月21日
79	辉立资本管理(香港)有限公司	2014年6月3日
80	长盛基金(香港)有限公司	2014年6月12日
81	贝莱德顾问(英国)有限公司	2014年6月13日
82	汇丰环球资产管理(英国)有限公司	2014年6月16日
83	齐鲁国际控股有限公司	2014年6月27日
84	三星资产运用(香港)有限公司	2014年6月30日
85	新思路投资有限公司	2014年7月24日
86	新华资产管理(香港)有限公司	2014年7月24日
87	元富证券(香港)有限公司	2014年7月28日
88	国泰君安基金管理有限公司	2014年8月11日
89	高泰盆景资产管理(香港)有限公司	2014年8月11日
90	联博香港有限公司	2014年8月12日
91	财通国际资产管理有限公司	2014年8月12日
92	元大宝来证券(香港)有限公司	2014年8月15日

续表

序号	人民币合格境外机构投资者名称	批准时间
93	安本亚洲资产管理有限公司	2014年8月15日
94	法国巴黎投资管理	2014年8月27日
95	天达资产管理有限公司	2014年8月28日
96	凯敏雅克资产管理公司	2014年9月19日
97	星展银行有限公司	2014年9月22日
98	利安资金管理公司	2014年9月23日
99	融通国际资产管理有限公司	2014年10月8日
100	新韩法国巴黎资产运用株式会社	2014年10月13日
101	上海商业银行有限公司	2014年10月13日
102	法国巴黎投资管理亚洲有限公司	2014年10月13日
103	中诚国际资本有限公司	2014年10月31日
104	百达资产管理有限公司	2014年11月6日
105	亨茂资产管理有限公司	2014年11月19日
106	赛德堡资本（英国）有限公司	2014年11月19日
107	霸菱资产管理（亚洲）有限公司	2014年11月25日
108	信安环球投资（香港）有限公司	2014年11月25日
109	施罗德投资管理（新加坡）有限公司	2014年12月1日
110	未来资产环球投资有限公司	2014年12月4日
111	威灵顿投资管理国际有限公司	2014年12月10日
112	加拿大丰业（亚洲）银行有限公司	2014年12月12日
113	摩根资产管理（新加坡）有限公司	2014年12月24日
114	东洋资产运用（株）	2014年12月24日
115	NH-CA资产管理有限公司	2014年12月26日
116	富舜资产管理（香港）有限公司	2014年12月26日
117	东部资产运用株式会社	2014年12月26日
118	韩亚金融投资株式会社	2014年12月29日
119	瑞银韩亚资产运用株式会社	2015年1月5日
120	CSAM资产管理有限公司	2015年1月5日
121	东亚联丰投资管理有限公司	2015年1月5日
122	忠利投资亚洲有限公司	2015年1月7日
123	新加坡政府投资有限公司	2015年1月22日
124	纽伯格曼新加坡	2015年1月22日
125	TRUSTON资产管理有限公司	2015年1月22日
126	大信资产运用株式会社	2015年1月22日
127	三星资产运用株式会社	2015年1月22日
128	韩国投资信托运用株式会社	2015年1月22日

续表

序号	人民币合格境外机构投资者名称	批准时间
129	景顺投资管理有限公司	2015年2月6日
130	MY Asset投资管理有限公司	2015年2月6日
131	德意志资产及财富管理投资有限公司	2015年2月6日
132	新韩金融投资公司	2015年2月16日
133	凯思博投资管理（香港）有限公司	2015年2月16日
134	兴国资产管理公司	2015年2月16日
135	英杰华投资亚洲私人有限公司	2015年2月17日
136	中国建设银行（伦敦）有限公司	2015年2月17日
137	达杰资金管理有限公司	2015年2月27日
138	KKR新加坡有限公司	2015年3月2日
139	领航投资澳洲有限公司	2015年3月2日
140	兴元投资管理有限公司	2015年3月6日
141	大华资产管理有限公司	2015年3月6日
142	苏尔斯英国服务有限公司	2015年3月25日
143	领先资产管理	2015年3月25日
144	大宇证券（株）	2015年3月25日
145	信诚资产管理（新加坡）有限公司	2015年3月31日
146	三星生命保险（株）	2015年3月31日
147	教保安盛资产运用（株）	2015年4月2日
148	迈睿思资产管理有限公司	2015年4月8日
149	德盛安联资产管理新加坡有限公司	2015年4月8日
150	方圆投资管理（香港）有限公司	2015年4月8日
151	三星证券株式会社	2015年4月17日
152	GAM国际管理有限公司	2015年4月17日
153	华宜资产运用株式会社	2015年5月6日
154	华侨银行有限公司	2015年5月6日
155	嘉实国际资产管理（英国）有限公司	2015年5月6日
156	东方汇理资产管理香港有限公司	2015年5月20日
157	Insight投资管理（环球）有限公司	2015年5月20日
158	瑞士再保险股份有限公司	2015年6月2日
159	东部证券股份有限公司	2015年6月25日
160	蓝海资产管理公司	2015年6月26日
161	爱斯普乐基金管理公司	2015年6月29日
162	KB资产运用有限公司	2015年6月29日
163	韩国产业银行	2015年6月29日
164	瑞银环球资产管理（新加坡）有限公司	2015年6月29日

续表

序号	人民币合格境外机构投资者名称	批准时间
165	CI投资管理公司	2015年6月29日
166	元大证券株式会社	2015年7月28日
167	UBI资产管理公司	2015年7月28日
168	韩华资产运用株式会社	2015年7月28日
169	大信证券（株）	2015年7月28日
170	韩国投资证券株式会社	2015年8月10日
171	IBK投资证券株式会社	2015年8月10日
172	未来资产证券株式会社	2015年8月30日
173	三星火灾海上保险公司	2015年8月31日
174	东方汇理资产管理新加坡有限公司	2015年8月31日
175	韩国产业银行资产管理有限公司	2015年8月31日
176	Hermes投资管理有限公司	2015年8月31日
177	东方汇理	2015年9月17日
178	Kiwoom投资资产管理有限公司	2015年9月23日
179	现代投资公司（株）	2015年10月9日
180	中国工商银行（欧洲）有限公司	2015年11月2日
181	中国银行（卢森堡）有限公司	2015年11月3日
182	广发国际资产管理（英国）有限公司	2015年12月10日
183	安大略退休金管理委员会	2015年12月21日
184	加拿大年金计划投资委员会	2015年12月21日
185	现代证券株式会社	2015年12月29日

附表8　境外证券类机构驻华代表处一览表

序号	境外机构名称	代表处地点
1	野村证券株式会社	北京
		上海
2	法国巴黎资本（亚洲）有限公司	北京
		上海
3	美林国际有限公司	北京
		上海
4	里昂证券有限公司	北京
		上海
		深圳
5	摩根士丹利亚洲有限公司	北京
		上海
6	高盛（中国）有限责任公司	北京
		上海
7	巴克莱证券有限公司	上海
8	友利投资证券公司	上海
9	瑞银证券亚洲有限公司	北京
		上海
10	群益国际控股有限公司	上海
11	元大宝来证券股份有限公司	北京
		上海
12	现代证券公司	上海

续表

序号	境外机构名称	代表处地点
13	元富证券(香港)有限公司	上海
		深圳
		厦门
14	新鸿基投资服务有限公司	上海
		深圳
		广州
15	星展唯高达香港有限公司	上海
16	永丰金证券(亚洲)有限公司	上海
17	日盛嘉富证券国际有限公司	上海
18	星展亚洲融资有限公司	北京
		上海
19	兆丰资本(亚洲)有限公司	北京
		上海
		深圳
20	花旗环球金融亚洲有限公司	上海
21	凯基证券亚洲有限公司	上海
		深圳
22	洛希尔中国控股有限公司	北京
		上海
23	海通国际证券有限公司	上海
24	统一证券(香港)有限公司	上海
25	三星证券公司	北京
		上海
26	香港上海汇丰银行有限公司	北京
		上海
27	内藤证券公司	上海
28	摩根大通证券(亚太)有限公司	北京
		上海
29	法国兴业证券(香港)有限公司	上海
30	卓亚(企业融资)有限公司	上海
31	富达基金(香港)有限公司	北京
		上海
32	大和投资管理(香港)有限公司	上海
33	瑞士信贷(香港)有限公司	北京
		上海
34	三井住友资产管理股份有限公司	上海
35	瑞穗证券股份有限公司	北京
		上海
36	富邦综合证券股份有限公司	北京
		上海
		厦门
37	德意志银行股份有限公司	北京
		上海
38	渣打证券(香港)有限公司	北京
		上海
39	富瑞金融集团	上海
40	冈三证券股份有限公司	上海
41	马丁可利投资管理有限公司	上海
42	威廉—博莱有限责任公司	上海
43	施罗德集团	北京
		上海
44	麦格理证券(澳大利亚)股份有限公司	上海
45	荷宝基金管理公司	上海
46	致富证券有限公司	北京
		上海
		深圳
47	未来资产迈普斯资产运用株式会社	上海
48	东洋证券股份有限公司	上海
49	大信证券股份有限公司	上海
50	益华证券有限公司	上海
51	新韩金融投资股份有限公司	上海
52	东京海上国际资产管理有限公司	上海
53	安本亚洲资产管理有限公司	上海
54	蓝泽证券股份有限公司	上海
55	爱思开证券股份有限公司	上海
56	科提比资产运用株式会社	上海
57	道富环球投资管理亚洲有限公司	上海
58	大和住银投信投资顾问株式会社	上海
59	联昌证券有限公司	上海
60	盈透证券有限公司	上海
61	华南永昌综合证券股份有限公司	上海
62	利安资金管理公司	上海

续表

序号	境外机构名称	代表处地点
63	韩国投资信托运用株式会社	上海
64	华宜资产运用株式会社	上海
65	大宇证券股份有限公司	北京
		上海
66	第一金和昇证券有限公司	上海
67	复华证券投资信托股份有限公司	上海
68	博大证券有限公司	上海
69	元大宝来证券投资信托股份有限公司	上海
70	野村投资管理香港有限公司	上海
71	元大证券（香港）有限公司	上海
72	韦仕投资银行集团有限合伙公司	上海
73	英杰华投资集团全球服务有限公司	上海
74	德盛安联资产管理香港有限公司	上海
75	花旗环球金融中国有限公司	北京
76	大和证券株式会社	北京
77	三菱日联证券控股股份有限公司	北京
78	中银国际控股有限公司	北京
79	汇富金融服务有限公司	北京
80	京华山一国际（香港）有限公司	北京
81	国浩资本有限公司	北京
82	新百利有限公司	北京
83	香港第一上海融资有限公司	北京
84	蒙特利尔银行利时证券公司	北京
85	未来资产证券株式会社	北京
86	三井住友信托银行股份有限公司	北京
87	加皇投资理财有限公司	北京
88	交银国际控股有限公司	北京
89	城市信贷投资银行有限公司	北京
90	加拿大帝国商业银行世界市场公司	北京
91	现汽投资证券股份有限公司	北京
92	布朗兄弟哈里曼（香港）有限公司	北京
93	太平洋顶峰证券有限公司	北京
94	摩乃科斯证券股份有限公司	北京
95	韩亚大投证券株式会社	北京
96	宏富投资管理有限公司	北京
97	先锋投资管理公司	北京
98	信安环球投资有限公司	北京
99	标准人寿投资公司	北京
100	法国巴黎资产管理有限公司	北京
101	东方汇理基金管理公司	北京
102	景顺投资管理有限公司	北京
103	摩根资产管理有限公司	北京
104	威灵顿环球投资管理有限公司	北京
105	贝莱德资产管理北亚有限公司	北京
106	法盛全球资产管理公司	北京
107	罗素投资集团有限公司	北京
108	摩根士丹利投资管理公司	北京
109	桥水投资公司	北京
110	安盛投资管理巴黎公司	北京
111	百能投资管理有限公司	北京
112	英仕曼投资（香港）有限公司	北京
113	飞腾投资公司	北京
114	宝来证券股份有限公司	北京
115	恒生投资管理有限公司	深圳
116	富昌证券有限公司	深圳
117	元大宝来证券（香港）有限公司	深圳
118	统一综合证券股份有限公司	厦门
119	结好证券有限公司	宁波
120	华富嘉洛证券有限公司	沈阳
121	苏皇证券亚洲有限公司	上海
122	邓普顿国际股份有限公司	北京
123	明富环球新加坡私人有限公司（证券业务）	上海
124	华南永昌综合证券股份有限公司	北京
125	领航投资香港有限公司	北京
126	英国伊克斯纳有限公司	上海
127	韩国现代株式会社	北京
128	坤信国际证券有限公司	上海
129	德国商业银行股份有限公司	北京
130	未来资产环球投资有限公司	北京
131	万银证券有限公司	深圳

附表9　境外交易所设立驻华代表处一览表

序号	代表处名称	所属辖区
1	香港交易及结算所有限公司	中国香港
2	纽约证券交易所有限责任公司	美国
3	美国纳斯达克股票市场股份有限公司	美国
4	日本东京证券交易所株式会社	日本
5	韩国交易所	韩国
6	新加坡交易所有限公司	新加坡
7	英国伦敦证券交易所有限责任公司	英国
8	德国德意志交易所股份有限公司	德国
9	加拿大多伦多证券交易所公司	加拿大
10	巴西证券期货交易所股份有限公司	巴西

附表10　双边监管合作谅解备忘录一览表

序号	时间	境外机构名称	备忘录名称	签署地
1	1993年6月19日	香港证券暨期货事务监察委员会	监管合作备忘录	北京
2	1994年4月28日	美国证券与交易委员会	关于合作、磋商及技术协助的谅解备忘录	北京
3	1995年7月4日	香港证券暨期货事务监察委员会	有关期货事宜的监管合作备忘录	北京
4	1995年11月30日	新加坡金融管理局	关于监管证券和期货活动的相关合作与信息互换的备忘录	新加坡
5	1996年5月23日	澳大利亚证券委员会	证券期货监管合作谅解备忘录	堪培拉
6	1996年10月7日	英国财政部、证券与投资委员会	证券期货监管合作谅解备忘录	北京
7	1997年3月18日	日本大藏省	谅解备忘录	东京
8	1997年4月18日	马来西亚证券委员会	证券期货监管合作谅解备忘录	北京
9	1997年11月13日	巴西证券委员会	证券监管合作谅解备忘录	北京
10	1998年3月4日	法国证券委员会	证券期货监管合作谅解备忘录	北京
11	1998年10月8日	德国联邦证券监管委员会	证券监管合作谅解备忘录	法兰克福
12	1999年11月3日	意大利国家证券监管委员会	证券期货监管合作谅解备忘录	罗马
13	2000年6月22日	埃及资本市场委员会	证券监管合作谅解备忘录	邮寄方式
14	2001年6月19日	韩国金融监督委员会	证券期货监管合作安排	北京
15	2002年1月18日	美国商品期货交易委员会	期货监管合作谅解备忘录	华盛顿
16	2002年6月27日	罗马尼亚国家证券委员会	证券期货监管合作谅解备忘录	北京
17	2002年10月29日	南非共和国金融服务委员会	证券期货监管合作谅解备忘录	比勒陀利亚
18	2002年11月1日	荷兰金融市场委员会	证券期货监管合作谅解备忘录	邮寄方式

续表

序号	时间	境外机构名称	备忘录名称	签署地
19	2002年11月26日	比利时银行及金融委员会	证券期货监管合作谅解备忘录	北京
20	2003年3月21日	加拿大证券监管机构初始参与成员	证券期货监管合作谅解备忘录	邮寄方式
21	2003年5月22日	瑞士联邦银行委员会	证券期货监管合作谅解备忘录	邮寄方式
22	2003年12月9日	印度尼西亚资本市场监管委员会	关于相互协助和信息交流的谅解备忘录	雅加达
23	2004年2月20日	新西兰证券委员会	证券期货监管合作谅解备忘录	惠灵顿
24	2004年10月14日	印度尼西亚商品期货交易监管局	期货监管合作谅解备忘录	北京
25	2004年10月26日	葡萄牙证券市场委员会	证券期货监管合作谅解备忘录	蒙特利尔
26	2005年6月14日	尼日利亚证券交易委员会	证券期货监管合作谅解备忘录	北京
27	2005年6月27日	越南证券委员会	证券期货监管合作谅解备忘录	北京
28	2006年9月15日	印度共和国证券交易委员会	证券期货监管合作谅解备忘录	北京
29	2006年9月20日	阿根廷国家证券委员会	证券期货监管合作谅解备忘录	上海
30	2006年9月20日	约旦证券委员会	证券期货监管合作谅解备忘录	上海
31	2006年9月26日	挪威金融监管委员会	证券期货监管合作谅解备忘录	奥斯陆
32	2006年11月10日	土耳其资本市场委员会	证券期货监管合作谅解备忘录	伊斯坦布尔
33	2006年11月21日	印度远期市场委员会	商品期货监管合作谅解备忘录	新德里
34	2006年12月6日	阿联酋证券商品委员会	证券期货监管合作谅解备忘录	邮寄方式
35	2007年4月12日	泰国证券交易委员会	证券期货监管合作谅解备忘录	孟买
36	2008年1月15日	列支敦士登金融管理局	证券期货监管合作谅解备忘录	北京
37	2008年1月24日	蒙古金融监督委员会	证券监管合作谅解备忘录	北京
38	2008年8月8日	俄罗斯联邦金融市场监督总局	证券期货监管合作谅解备忘录	北京
39	2008年9月27日	迪拜金融服务局	证券期货监管合作谅解备忘录	迪拜
40	2008年10月23日	爱尔兰金融服务监管局	证券期货监管合作谅解备忘录	北京
41	2008年10月30日	奥地利金融市场管理局	证券期货监管合作谅解备忘录	邮寄方式
42	2009年10月6日	西班牙国家证券市场委员会	证券期货监管合作谅解备忘录	巴塞尔
43	2009年11月16日	台湾方面金融监督管理机构	海峡两岸证券及期货监督管理合作谅解备忘录	邮寄方式
44	2010年1月26日	马耳他金融服务局	证券期货监管合作谅解备忘录	瓦莱塔
45	2010年5月5日	科威特股票交易所委员会	证券期货监管合作谅解备忘录	科威特城
46	2010年12月17日	巴基斯坦证券交易委员会	证券期货监管合作谅解备忘录	伊斯兰堡
47	2011年3月29日	以色列证券监管局	证券期货监管合作谅解备忘录	北京
48	2011年4月7日	卡塔尔金融市场管理局	证券期货监管合作谅解备忘录	北京
49	2011年9月19日	老挝证券交易委员会	证券期货监管合作谅解备忘录	北京
50	2012年4月24日	瑞典金融监管局	证券期货监管合作谅解备忘录	斯德哥尔摩
51	2012年5月17日	卢森堡金融监管委员会	证券期货监管合作谅解备忘录	北京
52	2012年5月17日	塞浦路斯证券交易委员会	证券期货监管合作谅解备忘录	北京

续表

序号	时间	境外机构名称	备忘录名称	签署地
53	1997年12月22日	乌克兰国家证券和股市委员会	证券期货监管合作谅解备忘录	北京
54	2013年9月13日	立陶宛银行	证券期货监管合作谅解备忘录	维尔纽斯
55	2013年11月18日	耿西岛金融服务委员会	证券期货监管合作谅解备忘录	北京
56	2014年1月20日	白俄罗斯共和国财政部	证券期货监管合作谅解备忘录	北京
57	2014年2月17日	文莱金融管理局	证券期货监管合作谅解备忘录	斯里巴加湾
58	2014年4月9日	泽西金融服务委员会	证券期货监管合作谅解备忘录	北京
59	2014年6月9日	马恩岛金融监督管理委员会	证券期货监管合作谅解备忘录	道格拉斯
60	2015年3月23日	波兰金融监督管理局	证券期货监管合作谅解备忘录	华沙
61	2015年5月13日	哈萨克斯坦国家银行签署	证券期货监管合作谅解备忘录	北京
62	2015年5月19日	阿塞拜疆国家证券委员会	证券期货监管合作谅解备忘录	北京

联系方式

中国证券监督管理委员会

前台电话：010-88061000
信访电话：010-66210182
010-66210166
网　　址：www.csrc.gov.cn
地　　址：北京市西城区金融大街19号富凯大厦A座(100033)
微　　博：人民网：http://t.people.com.cn/csrcfabu
新华网：http://t.home.news.cn/csrcfabu
新浪网：http://weibo.com/csrcfabu
腾讯网：http://e.t.qq.com/csrcfabu

微信公共号：证监会发布

后　记

在《中国证券监督管理委员会年报(2015)》的编写过程中，我们得到了各部门和系统内各单位的大力支持，在此表示衷心感谢，并特别感谢以下人员对此项工作的贡献：

年报编写组（按姓氏笔画排序）

王　丹	王苇航	王鹏飞	王旖旎	方　重	刘克鹏	刘超平
许国新	许　竞	孙美芳	何　鹏	谷　雨	张　列	张丽媛
张赫城	陈　旭	范雪旺	国　梁	罗　娟	周　知	赵旭强
胡　毅	费文颖	徐小俊	郭　健	游广斌	蒋海瑞	鲁颂宾
曾　云						

年报翻译组（按姓氏笔画排序）

王美真	尹　钰	朱钦琦	衣　然	祁　斌	张文修	赵　静
桂莅鑫	顾兆安	夏　菁	董士君			

在年报的设计出版过程中，凸版快捷财经印刷有限公司和中国财政经济出版社等机构提供了协助，在此表示衷心感谢。

由于年报编写设计时间有限，书中难免有疏漏之处，欢迎提出宝贵意见。相关意见建议请发至bgtzyc@csrc.gov.cn，我们将及时予以反馈。

中国证监会办公厅

2016年9月

China Securities Regulatory Commission

2015 ANNUAL REPORT

Contents

Strengthening the Rule of Law

Protecting Investors' Rights and Interests

Market Accessibility

Appendices

Tables

Contacts

Acknowledgments

Message from the Chairman

In 2015, in the spirit of the 18th Communist Party of China (CPC) National Congress, the 3rd, the 4th, and the 5th Plenary Session of the 18th CPC Central Committee, the Central Economic Work Conference, and the *Government Work Report*, the CSRC positioned itself to serve the real economy by streamlining administrative functions, balancing regulation and deregulation, improving services, deepening reform, augmenting fundamentals, as well as intensifying supervision and law enforcement, all in the efforts to prevent and mitigate risks. New progress was made in promoting capital market development.

Advancing the Building of a Multi-tiered Capital Market

Developing Exchange-traded Stock Market. The CSRC improved current new stock issuing system. New measures include simplification of issuing requirements, cancellation of prepaid new stock subscription fee, permission for offering of less than 20 million shares to issue at a set price, and establishment of the mechanism of compensation in advance by sponsors and remedial measures for diluted current returns. The CSRC also perfected the review system for public offering and optimized the review procedures for refinancing. Listed companies with a good track record of compliance and market performance can access a fast track process. The review system of the Public Offering Review Committee was advanced to have a simplified enquiry process. Improved policies for refinancing for mergers & acquisitions and reorganizations (M&As and reorganizations) now require reviewing by sector and permit concurrent examining by relevant authorities. Preferred stock pilot program made further progress. In 2015, there were 219 common stock IPOs on SSE and SZSE. RMB1.44 trillion was raised through common stock IPOs and refinancing, and RMB203.65 billion through preferred stock issuance. Deals in M&As and reorganizations of listed companies amounted to approximately RMB2.2 trillion.

Stepping up the "NEEQ" Development. The CSRC increased the examination efficiency for listings on the board, stock offerings, M&As and reorganizations on the National Equities Exchange and Quotations (NEEQ), and strengthened the capital raising function of the market. The CSRC also advanced the implementation of tiered and differentiated management of the NEEQ listings. In 2015, a total of 3,557 companies were newly listed, raising an aggregate amount of RMB121.62 billion.

Standardizing and Developing Regional Equity Markets. The CSRC formulated trial regulatory measures on regional equity markets, specifying their principal positioning, regulatory bottom line, market rules, etc. By the end of 2015, a total of 3,375 corporations had been listed and 41,500 companies exhibited on the 37 regional equity markets, raising an aggregate RMB433 billion.

Promoting the Reform and Development of Exchange-traded Bond Market. The CSRC intensified efforts to put in place a regulation framework for the bond market. By revising and releasing the *Administrative Measures for the Offering and Trading of Corporate Bonds* and its complimentary rules, the CSRC expanded the coverage of corporate bond issuing and trading system to all corporations. The underlying asset classes for asset-backed securitization were further expanded. The CSRC also promoted the pilot program of offering exchangeable corporate bonds by shareholders of listed companies, and piloted a program of corporate bond offering by enterprises owned by the whole people. The CSRC strongly promoted corporate bond product innovations, which effectively lowers financing costs for companies. In 2015, bond issuance on the exchanges raised a total of RMB2.16 trillion and asset-backed securitization products were offered on the market, raising RMB210 billion.

Extending Service Functions of the Futures and Derivatives Market. The CSRC initiated the SSE 50 ETF option trading pilot and launched tradings of the 10-year treasury bond futures, SSE 50 and CSI 500 Stock Index Futures. Tin and nickel futures products were introduced to the market. Preparation to list crude oil futures was also promoted. Pilot programs of "insurance + futures", "insurance + futures + banks" and others were started to expand channels serving agriculture-related businesses. In total, 52 futures products are now available on the futures market. The trading volume of commodities futures market has been among the largest in the world for years. The functions of the futures market are further extended.

Deepening Reform of Administrative Approval Procedures

In 2015, the CSRC canceled 12 approval items, including 8 administrative and 4 non-administrative ones. Since the beginning of the current administration, the CSRC has cumulatively eliminated 27 approval items and partial approval requirements under 4 items, accounting for 40% of all items. In addition, the CSRC sorted out the items for filing, abolishing 151 items and adjusting 4 items. Approvals of 3 items for the establishment of public fund management companies, futures companies, and China Securities Finance Co.(CSF) were converted to *ex post* approval items. The CSRC also rectified the intermediary services for administrative approval and tightened regulation over those stated service providers, and drew up service guidelines and review modalities, which clarified requirements for the approval process and restricted discretion. Efforts were also made to make the approval process more transparent. The CSRC decided to make public the review opinions for IPOs, refinancing, M&As and reorganizations, and corporate bond public issuance. Throughout the year, 6,329 pieces of information were made public and 408 pieces of information were disclosed upon request.

Improving Laws and Enhancing Regulation

Promoting Capital Market Integrity. Jointly with other government agencies, the CSRC revised *the Securities Law* and drafted *the Futures Law, Regulations on Oversight of Listed Companies, and Tentative Regulations on the Private Funds*. In addition, the CSRC improved the mechanism for drafting, reviewing and formulating rules and normative documents. Last year, in improving the implementation framework, the CSRC issued 12 rules and 30 normative documents, and abolished 35 rules and normative documents. The CSRC also established the mechanism of joint-ministerial disciplinary actions against the responsible parties including discredited listed companies. More still, the CSRC promoted open governance and public communication, and pressed ahead with information disclosure and market transparency.

Establishing and Improving in-process and *ex post* Regulation. The CSRC optimized the regulation framework for disclosure, supervised listed companies by sector, and orderly improved the delisting mechanism. The CSRC also strengthened the supervision of non-listed public companies. Additional efforts were made to improve the risk prevention and control system in exchange-traded bond market. Targeting at problems and risks, the CSRC conducted *ad hoc* inspections on securities and futures companies and practitioners, and strengthened the regulatory enforcement actions against private funds, and facilitated their self-regulation.

Enhancing Enforcement and Combating Illegal Activities and Violations. The CSRC conducted *ad hoc* inspections to enhance internal control and external supervision, and to deter illegal operations and offences. *Ad hoc* missions were also organized to inspect unregulated grey margin financing. The CSRC launched the "2015 Targeted Enforcement Campaign," greatly enhancing deterrence. Throughout the year, the CSRC imposed administrative penalties on or gave administrative penalties pre-notifications to 767 institutions and individuals, with associated fines and disgorgements totaling over RMB5.4 billion, more than 1.5 times of the amount combined over the last decade.

The Two-way Opening Up of the Capital Market

The CSRC pressed ahead with reforms on overseas listing approval, allowing domestic companies to raise funds on foreign markets through preferred shares, convertible bonds or other new instruments. 69 applications for IPO or refinancing were approved, raising USD45.4 billion overseas. An agreement was reached on mutual recognition of funds (MRF) between the Chinese Mainland and Hong Kong. The first batch of MRFs already registered with appropriate regulators. QFII license was granted on a steady basis, and RQFII pilot program was expanded to cover 16 countries or regions including Switzerland, with a total quota of over RMB1.21 trillion. Not only did the CSRC support the pilots in the Shanghai Free Trade Zone (FTZ) for financial market accessibility, but also facilitated the establishment of FTZs in Guangdong, Tianjin and Fujian. The approval process of establishing joint venture securities firms and investment advisory firms by the Mainland and Hong Kong or Macao institutions is well underway. Another pilot was launched to allow foreign entities to issue RMB denominated bonds in China. The CSRC has taken the above measures to steadily promote the two-way opening up of the capital market and enhance cross-border regulatory cooperation.

Preventing and Mitigating Financial Risks

While the stock market experienced abnormal volatility in 2015, related ministries made concerted efforts, under the firm leadership of the CPC Central Committee and the State Council, to prevent and mitigate potential systemic risks through a combination of market-based and law-based measures, including:

Firstly, moderately adjusting supply and demand. The CSRC supported listed companies and their major shareholders to take measures to keep their share prices at a reasonable level, and supported securities companies to expand proprietary business;

Secondly, improving market mechanisms and rules. The CSRC revised the Measures for the Administration of Margin Trading by Securities Firms and Rules for Securities Delivery Time in Stock Lending Business. The CSRC allowed more financing channels for securities firms, perfected trading rules of the system for stock index futures, strengthened supervision on automated trading, and overhauled the stock offering system;

Thirdly, cracking down on market violations. The CSRC instructed securities firms to standardize external access to their IT systems and to stringently carry out the real-name account system; and investigated and addressed material violations such as insider trading and market manipulation;

Fourthly, managing expectation for market stability. The CSRC paid close attention to media reporting, and addressed market concerns through press release and policy interpretation, which aimed at dispelling concerns and strengthening confidence in the market.

2016 marks the beginning of the 13th Five-Year Plan period, and is also the final stretch towards a moderately prosperous society in an all-around way. With the guiding philosophy of innovative, coordinated, green, open and shared development, the CSRC will implement the decisions and arrangements of the CPC Central Committee and the State Council for capital market; earnestly engage in the education campaign on learning CPC rules and speeches by General Secretary Xi Jinping, and on being qualified CPC members, so as to promote Party building and governance in a comprehensive and stringent manner; consider and conceive the work in alignment with the Party and national strategies; stick to law-based, stringent and comprehensive regulation; and continue to stabilize, restore and develop the market. The CSRC will keep spirits up, and take firm steps on the following fronts:

Solidifying legal base and enhancing enforcement capacity building to combat on any violation and protect the legitimate rights and interests of investors, in particular the small investors. The CSRC will improve systems on surveillance, early warning, prevention and control to safeguard against systemic risk.

Speeding up the development of a multi-tiered capital market, to finance the real economy through more market-based financing tools. The CSRC strive to broaden and deepen the market system with diversified market segments, trading instruments and mechanisms. While facilitating the sound development of equities, bonds, futures derivatives, and other tools, the CSRC will also enhance the micro foundation for market development by focusing on the quality and service capability of market participants. In specific, The CSRC aims to improve the quality of listed companies, and nurture top-notch investment banks and modern asset management firms, so as to channel diversified sources of long-term funds into the market.

Centering on the national mission of economic development, and the overall goal for stability and harmony, the CSRC will play its due role in cutting excess capacity, overstocking, leverage and cost and improving the areas in which it lags behind, to facilitate the supply-side structural reform. The CSRC will continue streamlining administrative functions, balancing regulation and deregulation, and also optimizing services. Efforts will be made to improve the investing and financing regimes of the multi-tiered equity markets, to increase coverage and inclusiveness. Special attention will be given to encourage mass entrepreneurship and innovation, and to reduce the leverage ratio and financing costs of companies. More still, the CSRC will support the state-owned enterprises reform by linking it with the capital market overhaul to improve the quality of listed companies; increase the efficiency of M&As and reorganizations of listed companies, to absorb excess capacity and revitalize existing assets; and improve the delisting arrangements to liquidate the "zombie" companies.

Widening market accessibility and strengthening international competitiveness by utilizing resources on both domestic and international markets. All these efforts can help expedite the building of an equity market where financing function is sound, fundamental systems are solid, market regulation is effective, and investors' interests are fully protected. Furthermore, the CSRC will endeavor to boost the multi-tiered capital market, making it open and transparent, stable and sound, so that it can better serve the overarching goal for economic, political, cultural, social and ecologic development, and facilitate the national strategy of comprehensively building a moderately prosperous society, deepening reforms, governing the country by law, and strengthening Party discipline. Our ultimate goal is to make greater contribution to the Chinese Dream of rejuvenating the nation.

Chairman of China Securities
Regulatory Commission 刘士余

Overview of the CSRC

- Regulatory Structure
- Executive Management
- Organizational Chart
- International Advisory Council (IAC)
- Funding
- Human Resources

The China Securities Regulatory Commission (hereinafter referred to as the "CSRC" or the "Commission") was established in October 1992 as a ministry-level government agency under the direction of the State Council. In 2006, the CSRC was approved to be governed under the *Civil Servant Law of the People's Republic of China*. With due authorization from the State Council, the CSRC is mandated to regulate and supervise the securities and futures markets in the People's Republic of China pursuant to applicable laws and regulations.

Regulatory Structure

The CSRC headquarters, located in Beijing, comprises 20 functional departments①, 4 specialized units, and the Dispatched Discipline Inspection Office of the Central Commission for Discipline Inspection of the CPC to the CSRC (formerly known as "the Discipline Inspection Committee"). The CSRC has 38 regional offices across the country (See Figure 1-1) and 19 affiliated institutions under its supervision. The CSRC's headquarters, regional offices and affiliated institutions work together to form the national regulatory system of the securities and futures markets.

The CSRC headquarters is in charge of formulating, amending and improving regulations and rules governing the securities and futures markets; making market development plans; granting approvals of major issues; guiding and coordinating risk mitigation; organizing investigations into and imposing sanctions on major violations as well as guiding, inspecting, overseeing and coordinating supervisory efforts nationwide.

The regional offices exercise front-line supervisory duties pursuant to applicable laws and administrative rules and regulations as well as the mandates granted by the CSRC, including: supervising the securities and futures-related activities of listed companies, securities and futures institutions, securities and futures advisory firms, and law firms, accounting firms, asset appraisal firms and other intermediaries engaging in securities-related business activities; preventing and dealing with risks; investigating into and taking enforcement actions against violations; and promoting investor education and protection.

The affiliated institutions, which include securities and futures exchanges, the China Securities Depository and Clearing Corporation Limited (CSDC), the China Securities Investor Protection Fund Corporation Limited (SIPF), the China Securities Finance Corporation Limited (CSF), the China Futures Market Monitoring Center Corporation Limited (CFMMC), the China Capital Market Statistics and Monitoring Center Corporation Limited (CMSMC), the National Equity Exchange and Quotations Corporation Limited (NEEQ), the Securities Association of China (SAC), the China Futures Association (CFA), the China Association for Public Companies (CAPCO), the Asset Management Association of China (AMAC) etc., conduct front-line and self-regulatory supervision over their members (participants or listed companies) as well as their business activities, serving as effective supplements to the regulatory efforts by the CSRC and its regional offices.

① Please refer to the official website of the CSRC (www.csrc.gov.cn) for the duties and responsibilities of each department.

Executive Management[①]

Shiyu LIU
Chairman

Huimin WANG
Director of the Dispatched Discipline Inspection Office of the Central Commission for Discipline Inspection of the CPC to the CSRC

Yang JIANG
Vice Chairman

Chao LI
Vice Chairman

Xinghai FANG
Vice Chairman

Zhengping ZHAO
Vice Chairman

Wei HUANG
Assistant Chairman

Changneng XUAN
Assistant Chairman

① Chairman Shiyu LIU, appointed on February 19, 2016;
Vice Chairman Chao LI, appointed on September 5, 2015;
Vice Chairman Xinghai FANG, appointed on October 24, 2015;
Vice Chairman Zhengping ZHAO, appointed on May 23, 2016;
Assistant Chairman Wei HUANG, appointed on February 17, 2015;
Assistant Chairman Changneng XUAN, appointed on August 26, 2016.

Organizational Chart

Chairman

1 Director of the Dispatched Discipline Inspection Office, 4 Vice Chairmen and 3 Assistant Chairmen

Specialized Units

- Enforcement Task Force
- Research Center
- IT Service Center
- Administrative Center

Functional Departments

- General Office (Office of the CPC Committee)
- Dept. of Public Offering Supervision
- Dept. of Non-Exchange-Listed Public Company Supervision
- Dept. of Market Supervision
- Dept. of Fund and Intermediary Supervision
- Dept. of Listed Company Supervision
- Dept. of Futures Supervision
- Enforcement Bureau (Office of Chief Enforcement Officer)
- Dept. of Legal Affairs (Office of Chief Counsel)
- Office of Administrative Sanctions Committee
- Dept. of Accounting (Office of Chief Accountant)
- Dept. of International Affairs (Office of Hong Kong, Macau and Taiwan Affairs)
- Investor Protection Bureau
- Dept. of Corporate Bond Supervision
- Dept. of Private Fund Supervision
- Anti-Market Misconduct Bureau (Office of Standardization of Regional Trading Venues)
- Dept. of Internal Auditing
- Dept. of Personnel & Education (Organization Dept. of CPC Committee)
- Dept. of Publicity (Mass Work Dept. of CPC Committee)
- Dept. of Party-related Affairs (Dept. of Discipline Inspection Commission)

Regional Offices

Beijing Office	Tianjin Office
Hebei Office	Shanxi Office
Inner Mongolia Office	Liaoning Office
Jilin Office	Heilongjiang Office
Shanghai Office	Jiangsu Office
Zhejiang Office	Anhui Office
Fujian Office	Jiangxi Office
Shandong Office	Henan Office
Hubei Office	Hunan Office
Guangdong Office	Guangxi Office
Hainan Office	Yunnan Office
Tibet Office	Shaanxi Office
Gansu Office	Qinghai Office
Ningxia Office	Xinjiang Office
Shenzhen Office	Dalian Office
Chongqing Office	Sichuan Office
Guizhou Office	Ningbo Office
Xiamen Office	Qingdao Office
Shanghai Commissioner Office	
Shenzhen Commissioner Office	

Figure 1-1 Organizational Structure of the CSRC

Note: There is a Dispatched Discipline Inspection Office of the Central Commission for Discipline Inspection of the CPC to the CSRC.

International Advisory Council (IAC)

Set up in June 2004 upon approval by the State Council, the International Advisory Council (IAC) is the advisory body of the CSRC, with members including former officials of Chinese and overseas financial regulatory bodies, executives of financial institutions and experts from the academia. To promote the development of China's securities and futures markets, the IAC meets annually to discuss the latest trends and regulatory practices of global markets and offer opinions and suggestions to the CSRC. The IAC has played a positive role in bringing in international expertise, bolstering international exchanges and furthering the opening-up and sound development of China's capital markets. The IAC has one Chairman, one Vice Chairman and 22 members (See Table 1-1).

Table 1-1 **Members of the International Advisory Council**

Chairman	
• Howard DAVIES	President, Royal Bank of Scotland; Former Director, London School of Economics and Political Science; Former Chairman, UK Financial Services Authority
Vice Chairman	
• Laura M. CHA	Former Vice Chairman, CSRC; Former Vice Chairman, Hong Kong Securities and Futures Commission
Members (in alphabetical order of family names)	
• Thaddeus T. BECZAK	Former Member, Advisory Committee of Hong Kong Securities and Futures Commission; Vice Chairman, China Renaissance Partners
• Zhiwu CHEN	Professor of Finance, Yale School of Management; Visiting Professor, Tsinghua University
• Linin DAY	Former Chairman, Financial Supervisory Commission, Chinese Taipei
• Peter J. DEY	Former Chairman, Ontario Securities Commission, Canada; Former Chairman, Morgan Stanley Canada
• Jane DIPLOCK	Former Chairman, Securities Commission of New Zealand; Former Chairman, Executive Committee of IOSCO
• William DONALDSON	Former Chairman, US Securities and Exchange Commission; Former Chairman & CEO, New York Stock Exchange
• Arminio FRAGA	Former President, Central Bank of Brazil; Founding partner, Gávea Investimentos
• Ching HO	Executive Director & CEO, Temasek Holdings

Continued

• Hasung JANG	Former Dean & Professor of Finance, Business School of Korea University
• Reuben JEFFERY	Former Chairman, US Commodity Futures Trading Commission; Former Under Secretary of State, the United States; President and CEO, Rockefeller & Co.
• Henry R. KRAVIS	Co-Chairman and Co-CEO, Kohlberg Kravis Roberts & Co.
• Leo MELAMED	Chairman Emeritus, CME Group
• Anthony F. NEOH	Former Chief Advisor, CSRC; Former Chairman, Hong Kong Securities and Futures Commission
• Michel PRADA	Former Chairman, AMF France; Former Chairman, Executive & Technical Committees of IOSCO; Chairman, IFRS Foundation Trustees
• Atsushi SAITO	Group CEO, Japan Exchange Group
• Andrew SHENG	Former Deputy Chief Executive, Hong Kong Monetary Authority; Former Chairman, Hong Kong Securities and Futures Commission; Former Chairman, Fung Global Institute
• John L. THORNTON	Former President & Co-COO, Goldman Sachs Group; Former Board Member, HSBC Holdings plc; Professor, Tsinghua University
• John S. WADSWORTH	Honorary Chairman, Morgan Stanley Asia
• Jiang WANG	Professor of Finance, MIT Sloan School of Management; Chairman, Shanghai Advanced Institute of Finance, Shanghai Jiao Tong University
• Weiguo ZHANG	Former Chief Accountant, CSRC; Former Director-General, Dept. of Accounting & Dept. of International Affairs, CSRC; Member, International Accounting Standards Board
• Eugene ZHENG	Senior Managing Director for International Development, Chicago Board Options Exchange
• Zhonghui ZHOU	Former Chief Accountant, CSRC; Senior Partner, PricewaterhouseCoopers

Funding

All revenues and expenses of the CSRC are included in the budget of the central government. Supervision fees levied by the CSRC on securities and futures markets are paid directly into the Treasury, and the expenses of the CSRC are funded by appropriations under the aforementioned budget.

Human Resources

As of the end of 2015, the CSRC had employed 3,097 staff members, of which 730 or 23.6% worked at the headquarters and the remaining 2,367 or 76.4% in regional offices. The staff members have an average age of 36.6.

Market Development Overview

- Promoting the Development of Multi-tiered Equity Markets
- Developing Exchange-traded Bond Market
- Expanding Futures and Other Derivatives Market
- Promoting Sound Development of the Securities Companies, Asset Management Companies, Futures Companies and Private Fund Institutions

Promoting the Development of Multi-tiered Equity Markets

Expanding the Stock Market at Exchanges

53.15 trillion

The total market capitalization on two stock exchanges amounted to RMB53.15 trillion

Size of the stock market. By the end of 2015, the total number of companies listed on the Shanghai Stock Exchange (SSE) and the Shenzhen Stock Exchange (SZSE) had stood at 2,827 (See Figure 2–1), an annual increase of 214. The number of companies listed on the Main Board, the Small and Medium-sized Enterprise Board (SME Board) and the Growth Enterprise Board (GEB) grew to 1,559, 776 and 492 respectively. The total market capitalization on two stock exchanges amounted to RMB53.15 trillion, and total free-float market capitalization reached RMB41.79 trillion, a year-on-year increase of 42.68% and 32.41% respectively; the free-float market capitalization represented 78.63% of the total market capitalization, 6.09 percentage points lower compared with that in 2014.

The stock market capitalization in China, as calculated by the total capitalization of the SSE and the SZSE, was equivalent to 78.54% of its GDP in 2015 (See Figure 2–2), second only to that in the US (see Table 2-1).

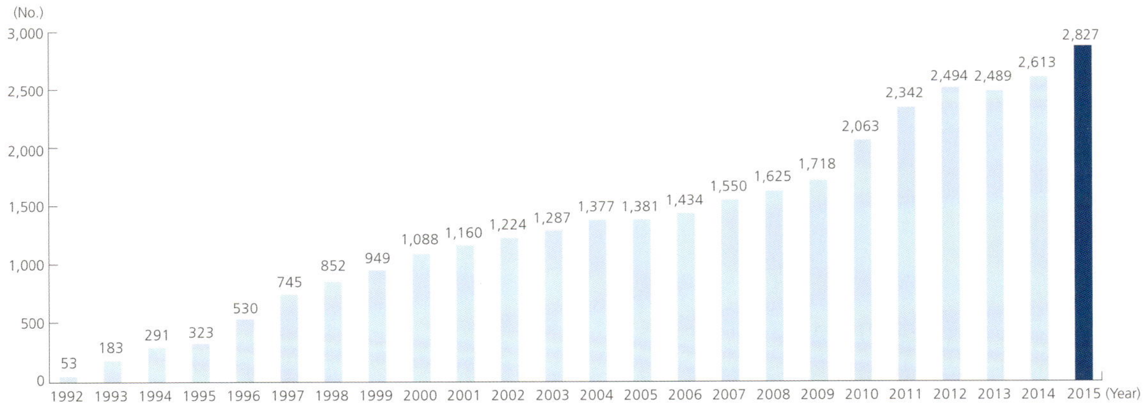

Figure 2–1 Number of Domestic Listed Companies (1992~2015)

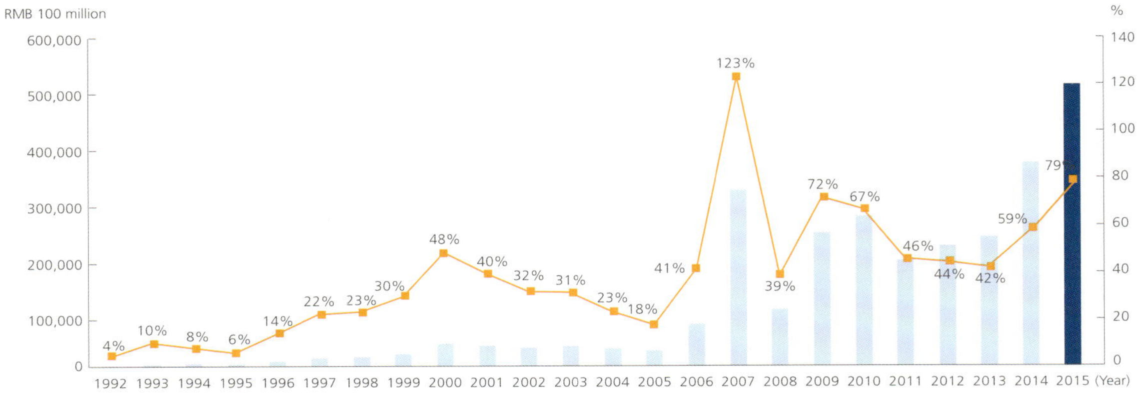

Figure 2–2 Total Market Capitalization of the SSE and the SZSE and as Percentage of GDP (1992~2015)

Source: SSE and SZSE.

Table 2–1 Market Capitalization of Global Exchanges in 2015

Country/Jurisdiction				Stock Exchange		
Rank	Name	Region	Market Cap (USD billion)	Rank	Name	Market Cap (USD billion)
1	USA	North America	250,675	1	NYSE Euronext (US)	177,868
2	China	Asia	81,880	2	NASDAQ OMX	72,808
3	Japan	Asia	48,949	3	Tokyo Stock Exchange	48,949
4	France	Europe	33,059	4	Shanghai Stock Exchange	45,493
5	Hong Kong	Asia	31,849	5	Shenzhen Stock Exchange	36,387
6	Germany	Europe	17,158	6	NYSE Euronext (Europe)	33,059
7	Canada	North America	15,919	7	HKEx	31,849
8	Switzerland	Europe	15,193	8	Frankfurt Stock Exchange	17,158
9	India	Asia	14,851	9	Toronto Stock Exchange	15,919
10	Sweden	Europe	12,680	10	SIX Swiss Exchange	15,193

Source: WFE.

Stock Issuance Overview. In 2015, 219 stocks were issued on the SSE and the SZSE, raising a total of RMB1,435.101 billion (See Figure 2–3), a year-on-year growth of 92.15%. It included RMB157.808 billion through initial public offerings, RMB668.063 billion through private placements with consideration by cash, RMB605.587 billion through private placements with consideration by assets and RMB3.643 billion through rights issues. Refinancing registered a year-on-year increase of 87.85%.

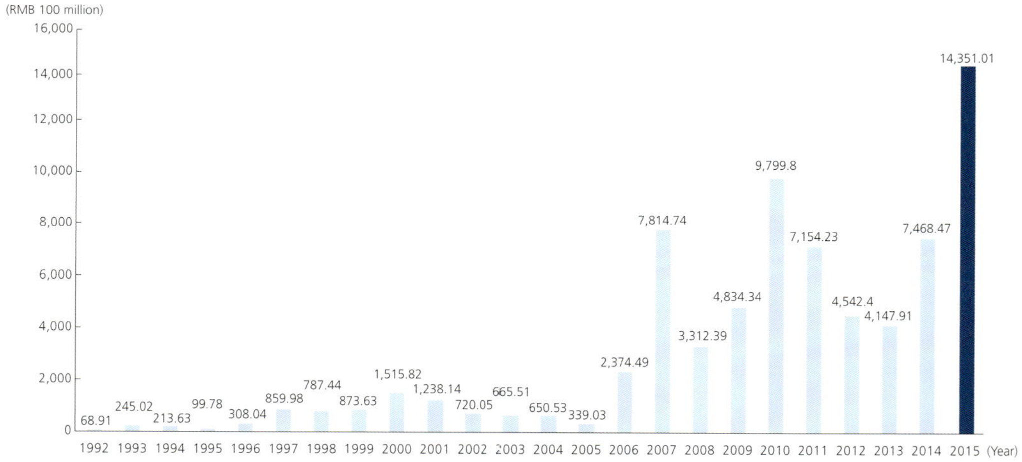

Figure 2–3 Proceeds Raised on the A-share Market (1992~2015, in RMB100 million)

Source: SSE and SZSE.

Figures refer to the proceeds raised on the A-share market through IPOs, secondary offerings, private placements (consideration by cash or assets), rights issues, exercise of warrants, etc.

Stock Trading Overview. The SSE Composite Index experienced a 9.41% increase and the SZSE Composite Index a 63.15 % increase compared with that in 2014 (see Figure 2–4). The SSE Composite Index increased by 59.72% and the SZSE Composite Index rose by 121.92% between January and June 12th 2015. From June 15th to August 26th, the stock market slumped with the SSE Composite Index down by 43.34% and the SZSE Composite Index by 46.01%; from August 27th to the year end, the stock market witnessed a gradual increase with the SSE Composite Index up by 20.90% and the SZSE Composite Index up by 36.16%. The yearly volatility range of the SSE Composite Index reached 71.95%. In 2015, the combined average daily turnover of the SSE and the SZSE was RMB1.05 trillion, up by RMB741.665 billion or 244.26%, compared with that in 2014 year-end (See Figure 2–5). The combined annual turnover ratio of the SSE and the SZSE rose 214.71% and 468.09% respectively. The largest amount of daily turnover was RMB2.36 trillion.

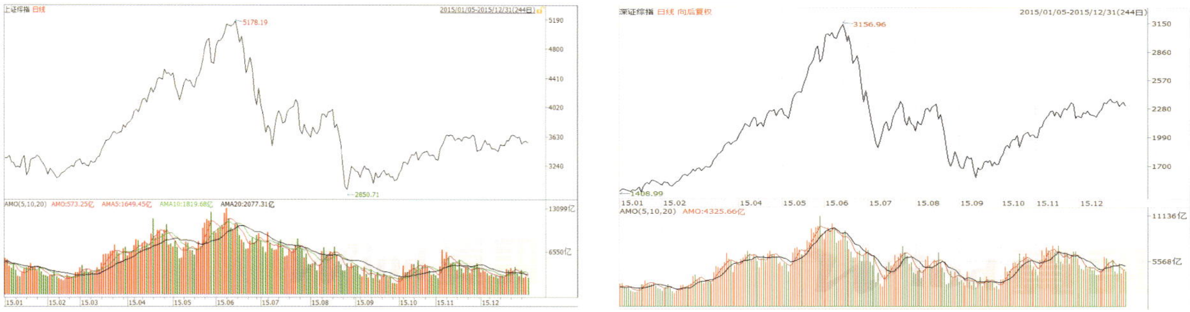

Figure 2–4 SSE and SZSE stock price movement in 2015

Source: Wind Co.

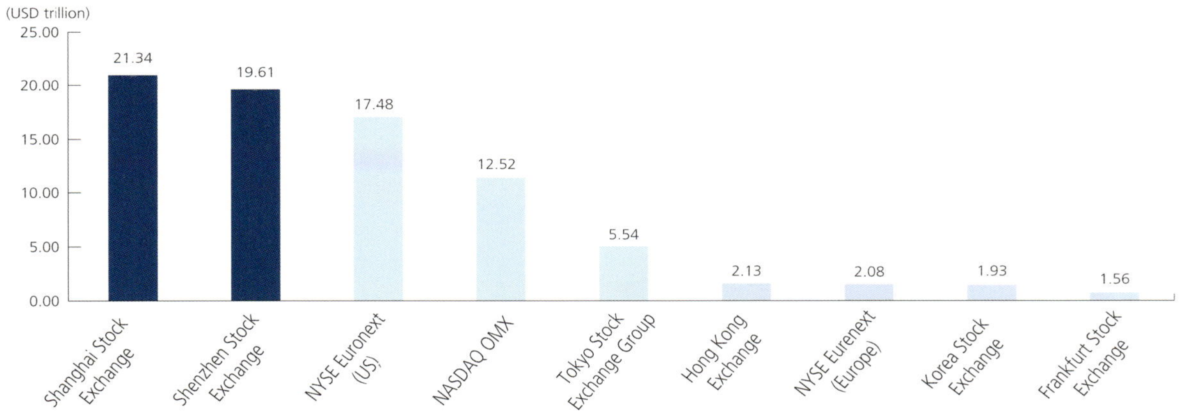

Figure 2–5 Stock Market Turnover by Exchange in 2015

Source: WFE.

Stock Market Investors. By the end of 2015, the total number of registered stock investors had amounted to 99.1053 million, up by 35.87%. Among them, professional institutions held 14.26% of floating stocks of A-share market. (Table 2-2, Figure 2-6), up by 0.04% while retail investors held 29.92% of floating stocks, up by 4.79%. General institutions held 55.92% of floating stocks, decreasing by 4.83%.

255.05 trillion

The aggregate turnover of the A-share market was RMB255.05 trillion

In 2015, the aggregate turnover of the A-share market was RMB255.05 trillion, a year-on- year increase of 242.86%. Professional institutions contributed 10.69%, retail investors 87.18%, general institutions 1.82%, and the Northbound Trading of Shanghai-Hong Kong Stock Connect(the Northbound) 0.31% to the total turnover. In 2015, professional institutions had a net sell of RMB1,147.418 billion and retail investors had a net sell of RMB78.499 billion, while other general institutions had a net buy of RMB1,179.374 billion; the Northbound had a net buy of RMB46.543 billion.

Table 2-2 Breakdown of A shares held by professional institutions

Time	Funds of Securities-investing (%)	Segregated accounts managed by fund management companies (%)	Pension fund (%)	QFIIs (including RQFIIs) (%)	Insurance companies (%)	Trusts (%)	Corporate annuity (%)	Securities firms (%)	
								Proprietary accounts	Asset management schemes
Dec 2014	4.79	0.61	1.17	1.71	3.87	1.37	0.14	0.31	0.23
Jan 2015	4.70	0.66	1.16	1.54	3.96	1.46	0.16	0.33	0.24
Feb 2015	4.91	0.73	1.16	1.57	3.88	1.56	0.17	0.40	0.26
Mar 2015	4.73	0.76	1.14	1.47	3.52	1.60	0.20	0.40	0.26
Apr 2015	4.51	0.80	1.08	1.33	3.16	1.74	0.20	0.37	0.24
May 2015	4.98	0.94	1.09	1.29	2.93	2.02	0.22	0.44	0.27
Jun 2015	4.70	0.89	1.04	1.25	2.88	1.91	0.20	0.38	0.25
Jul 2015	4.17	2.58	1.07	1.14	2.94	1.37	0.14	0.46	0.20
Aug 2015	4.22	2.69	1.09	1.12	3.10	1.18	0.13	0.46	0.20
Sep 2015	4.32	3.13	1.11	1.12	3.26	0.98	0.12	0.47	0.21
Oct 2015	4.40	3.05	1.09	1.12	3.06	0.92	0.13	0.47	0.23
Nov 2015	4.43	2.72	1.08	1.07	3.06	0.91	0.14	0.45	0.25
Dec 2015	4.54	2.48	1.10	1.08	3.33	0.91	0.15	0.39	0.28

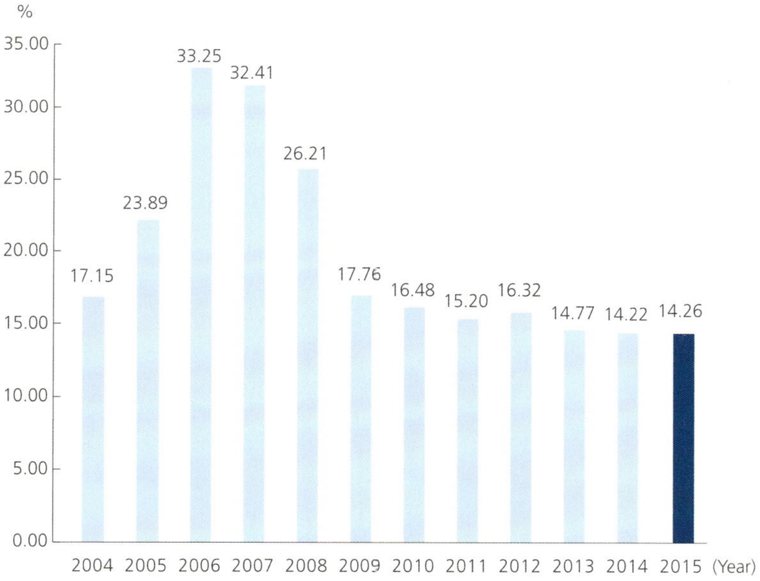

Figure 2-6 market cap. percentage of free float A shares held by professional institutions between 2004 and 2015

Source: CSDC.

2,669 M&As

Throughout the year, 2,669 M&As and reorganizations were organized by listed companies

Pushing Forward IPO reform. By revising *the Measures for the Administration of Securities Offering and Underwriting*, the CSRC simplified issuance requirements and canceled pre-payment requirements, allowed small-cap companies with an offering of less than 20 million shares to issue at a set price, and established a mechanism of advance compensation by sponsor institutions as well as a remedial mechanism for diluted current returns. The CSRC improved the offering and listing review regime, simplified the procedures for refinancing, and established the review express for qualified issuers. Besides, the CSRC also improved the review system of the Public Offering Review Committee and cut short the inquiry procedures, shifting some hard prudential regulatory requirements to disclosure-based requirements. The CSRC also promoted the pilot program of preferred stock.

Optimizing Mergers & Acquisitions and Reorganizations environment. The CSRC improved refinancing policies for mergers & acquisitions and reorganizations (M&As and reorganizations), increasing the financing ceiling from 25% of the transaction value to 100% of the price of assets to be purchased. Differentiated review procedures were introduced for different industries and transaction types. The CSRC also collaborated with other authorities to improve relevant taxation policies, lowering applicable treatment standards for enterprise income tax from M&As and reorganizations, and allowing deferred payment of individual income tax from M&As and reorganizations. The CSRC also combined the approval for foreign strategic investment with specific M&As and reorganizations, perfected the intermediary requirements, and strengthened the evaluation for the intermediary service providers. Throughout the year, 2,669 M&As and reorganizations were organized by listed companies with a total transaction value of RMB2.2 trillion. The number of transactions in the industries of manufacturing, wholesale and retail businesses, real estate, software and information technology services accounted for 82%. Refinancing during M&As and reorganizations amounted to RMB208.095 billion, which was 3.88 times of the amount in 2014.

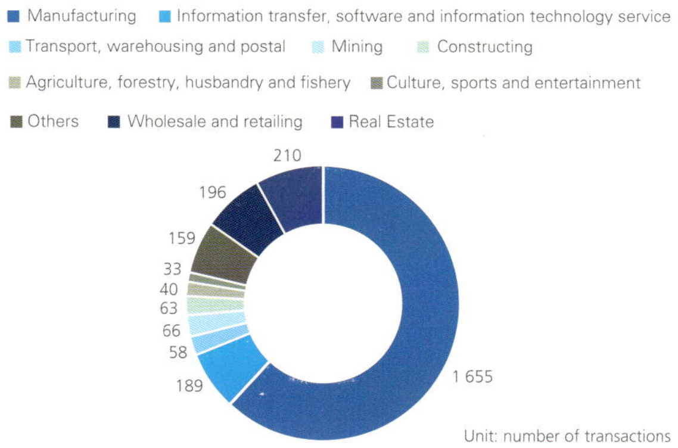

Figure 2-7 No. of M&As and reorganizations by sector (2015)

Source: SSE and SZSE.

Launching a New Round of Delisting Reform. The CSRC implemented the new delisting regulations, increasing the number and variety of the delisted companies. Over the year of 2015, four companies were delisted from the A-share market, one of which voluntary delisting, one under legal proceedings for significant violations and two were mandatorily delisted for poor financial performance. Among them, *ST Erzhong delisted following the decisions of its General Meeting of Shareholders, first of its kind in market-based delisting. *ST Boyuan and *ST Xindu suspended market offering and *ST Boyuan in particular, was referred to the Public Security Bureau for noncompliant disclosure, not disclosing material information and fabricating financial records, becoming the first company suspended for allegedly illegal conducts on the capital market.

Stepping up the Development of the NEEQ

Market Size. By the end of 2015, 5,129 companies had been listed on the National Equities and Exchange Quotations (NEEQ), with a market capitalization of RMB2.46 trillion (see Table 2-3). 3,557 companies were newly listed on the NEEQ in 2015. These listed companies are originated from 31 provinces, autonomous regions or municipalities, and cover 18 industry sectors (see Chart 2-8). Medium, small and micro-sized companies from advanced manufacturing, information transmission, software and IT services sectors accounted for 73.29% of the total.

Table 2-3 Statistics of the NEEQ

	2015	2014	YoY Growth (%)
Listed Companies	5,129	1,572	226.27
Capital Stock (million shares)	295,951	65,835	349.53
Market Capitalization (RMB million)	2,458.442	459.142	435.44
Issuances	2,565	329	679.64
Shares Issued (million)	23,079	2,652	770.25
Capital of Financing Proceeds from Issuances (RMB million)	121,617	13,209	820.71
Trading Value (RMB million)	191,062	13,036	1,365.65
Trading Volume (million shares)	27,891	2,282	1,122.22
Turnover Rate	53.88%	19.67%	173.92
PE Ratio	47.23	35.27	33.91
Institutional Investors	22,717	4,695	383.86
Individual Investors	198,625	43,980	351.63

Figure 2-8 the NEEQ Listings by Industry

Source: NEEQ.

121.617 billion

Raised a total of RMB121.617 billion

Stock issuance. At the end of 2015, 1,887 listed companies made 2,565 issuances on the NEEQ, which was 6.5 times and 7.8 times the number of 2014 respectively. These companies raised a total of RMB121.617 billion, 9.21 times the amount of 2014. The average amount of proceeds per issuance was RMB47.414 million. Non-financial companies made 2,523 issuances on the NEEQ, raising RMB82.55 billion, accounting for 98% and 68% of the whole market respectively.

Investor base. At the end of 2015, there were 203,800 investment accounts, which was 4.19 times the number of 2014. Among that, there were 113,200 qualified investors, 7.6 times the number of 2014.

Improving market rules. In November 2015, the CSRC released the *Opinions on Promoting the Development of National Equities Exchange and Quotations*, providing general guidelines for the NEEQ for the first time. The CSRC further improved the efficiency for reviewing listings, stock offerings and mergers and acquisitions on the NEEQ, and strengthened the capital raising function of the market. The CSRC also advanced the implementation of tiered and differentiated management on the NEEQ. In March 2015, the NEEQ Component Index and the NEEQ Market-maker Composite Index were officially launched, a steady measure to promote the development of index system. Guidelines for preferred stock businesses were also promulgated and implemented. Besides, an electronic information disclosure system was launched to improve the information sharing mechanism.

Developing Exchange-traded Bond Market

Market Snapshot

Market size. By the end of 2015, the nominal value of the depository balance of exchange traded bonds stood at RMB3.97 trillion (See Figure 2–9), up by 53% year on year. While the market value was RMB3.95 trillion, a year-on-year increase of 49%. 4,578 bond products were available for spot trading, a year-on-year increase of 51%. Among the 4,578 bonds, there were 233 treasury bonds, 171 municipal bonds, 2 policy bank bonds, 1,692 enterprise bonds, 2,483 corporate bonds, 6 convertible bonds, and 1 detachable convertible bond.

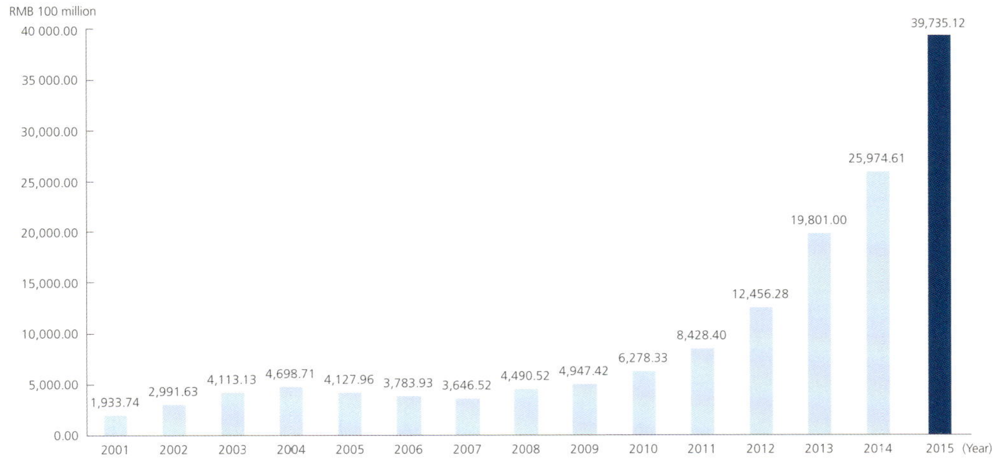

Figure 2-9 Nominal Value of the Depository Balance of Exchange-traded Bonds (RMB100 million)

Source: CSDCC.

Capital raising. Accounted by the date of issuance, 1,102 bonds were issued in 2015, raising a gross total of RMB2,162.174 billion, or a net total of RMB1,835.871 billion after principal repayment. Among the new issues, the 1,094 corporate bonds raised a gross total of RMB2,142.574 billion, and a net total of RMB1,824.796 billion; the three convertible bonds raised a gross total of RMB9.8 billion and a net total of RMB4.275 billion; there was not any new offering of detachable convertible bond in 2015, and principal repayment of outstanding bond stood at RMB3 billion, and the net capital raised stood at RMB3 billion negative; the five exchangeable bonds raised a gross total of RMB9.8 billion and a net total of RMB9.8 billion.

In 2015, 205 asset-backed securitization products were offered on the market, raising RMB209.2 billion, which was even larger than the total sum of the past decade (35 products, RMB70 billion), thus effectively expanding the channel for direct financing.

3,426.114 billion

The exchange-traded bond market reported a trading value of RMB3,426.114 billion for spot transactions

Trading. In 2015, the exchange-traded bond market reported a trading value of RMB3,426.114 billion for spot transactions (See Table 2–4), representing 21.94% year-on-year growth. Repo transactions totaled RMB128.21 trillion, with a year-on-year increase of 41.33%.

Table 2-4 Turnover of Spot Exchange-traded Bonds in 2015

Category	2015 (RMB100 million)	2014 (RMB100 million)	YoY Change(%)
Government bonds	4,347.63	1,260.27	244.98
Enterprise bonds	10,339.96	12,511.63	-17.36
Corporate bonds	10,253.24	5,756.87	78.10
Detachable convertible bonds	120.09	265.88	-54.83
Convertible bonds	8,093.92	7,972.97	1.52
Policy bank bonds	467.84	243.88	91.83
Exchangeable bonds	351.94	22.78	1,445.16
Asset backed securities	286.47	63.25	352.90
Total	34,261.14	28,097.52	21.94

Source: SSE and SZSE

In accordance with the *Administrative Measures for the Offering and Trading of Corporate Bonds* promulgated in January 2015, privately placed SME bonds have been included into the category of non-publicly offered corporate bonds. As a result, "privately placed SME bonds" will no longer be separately listed in the statistic table.

Development of Rules

The CSRC revised and released the *Administrative Measures for the Offering and Trading of Corporate Bonds* and its complimentary rules, and promoted the market-based reform of corporate bonds by streamlining administration and balancing deregulation and appropriate regulation. Bond issuers has been expanded to include all corporations. The NEEQ, the Inter-agency Quotation and Service System for Privately Placed Products (INTEROTC) and the OTC market of securities firms were newly added as trading venues for bonds. Specific rules were formulated for the public and non-public offering and trading of bonds, and a comprehensive rule system for non-public offering was established. The public offering of corporate bonds was managed by classification, and investor suitability management was further improved. The sponsorship system and public offering review committee system were canceled, and the working mechanism for the review of public offering of corporate bonds was further improved. The CSRC also strengthened its supervision in key areas such as information disclosure, underwriting, credit rating and the use of raised capital, improved the meeting rules for bond trustees and holders, and strengthened the protection of bond holders' rights and interests.

Product Innovation

The CSRC promoted the development of asset backed securities, rescinding the *ex ante* approval requirement for ABS products. Instead, the ABS product is subject to *ex post* filing with the SROs and a negative list management regime. Besides, new underlying asset classes were added, including financial leasing, micro credit and real estate, to support the development of key industries including municipal infrastructure, modern agriculture, environmental protection, renovation of shanty areas, housing funds, and Internet finance. The CSRC also promoted the pilot program of offering exchangeable corporate bonds by shareholders of listed companies, and initiated the pilot of corporate bond offering by enterprises owned by the whole people. The trading system for bonds was improved, and money brokers were introduced into the exchange-traded bond markets. Besides, new businesses such as bond lending and pledge-style repo were introduced to improve the market liquidity.

Expanding Futures and Other Derivatives Market

Market Snapshot

554.23 trillion

Trading value reached RMB554.23 trillion

There were 52 futures products on the market, including 46 commodities futures and 6 financial futures and options. In total, 3.578 billion contracts (SSE 50 ETFs excluded) were traded on the futures market, with a year-on-year increase of 42.78%, and trading value reached RMB554.23 trillion, up by 89.81% year on year. Financial futures products, in particular, were traded in 341 million contracts in accumulation, with a trading value of RMB417.76 trillion, accounting for 9.53% and 75.38% respectively of the entire futures market. Regarding SSE 50 ETFs, at the end of the 2015, 81,557 accounts were opened to trade SSE 50 ETFs. 510 contracts were listed for trading. On daily average, 106,000 contracts were traded, the open interest were 271,700, premium trading value reached RMB108 million and par value of traded contracts was RMB2.699 billion.

Table 2-5 Futures Products On the Market

Exchange	Products
Shanghai Futures Exchange	Copper, aluminum, zinc, lead, tin, nickel, gold, silver, steel rebar, steel wire rod, hot rolled coils, natural rubber, fuel oil, bitumen,
Zhengzhou Commodity Exchange	Hard white wheat, strong gluten wheat, cotton, sugar, rapeseed oil, rapeseed, rapeseed meal, early indica rice, japonica rice, late indica rice, PTA, methanol, glass, thermal coal, ferrosilicon, silicon manganese
Dalian Commodity Exchange	No.1 soybeans, No.2 soybeans, corn, soybean meal, soybean oil, RBD palm olein, egg, fiberboard, blockboard, corn starch, LLDPE, PVC, coke, coking coal, iron ore, PP
China Financial Futures Exchange	CSI 300 Stock Index Futures, SSE 50 Stock Index Futures, CSI 500 Stock Index Futures, 5-year Treasury Bond Futures, 10-year Treasury Bond Futures
Shanghai Stock Exchange	SSE 50 ETF

Figure 2-10 Trends of Trading Volume and Trading Turnover in Futures Market (1993-2015)

Source: CFMMC.

Investor base. In 2015, corporate clients traded 2.13 billion contracts with a value of RMB174.1 trillion, while individual clients traded 5 billion contracts with a value of RMB934.4 trillion. Trading volume of the two categories of investor increased by 74.1% and 32.7% year on year respectively, whereas the trading value climbed by 88.6% and 90.1% respectively. Corporate clients' share in the total trading value dropped to 18.6%, down by 0.2 percentage points. (see Table 2-6)

Table 2-6 Breakdown of Futures Trading

Year	Trading Volume of Corporate Clients (million contracts)	Trading Volume of Individual Clients (million contracts)	Trading Turnover of Corporate Clients (RMB1 billion)	Trading Turnover of Individual Clients (RMB1 billion)
2009	186.61	1,960.92	11,829	118,216
2010	262.93	2,863.78	21,577	286,985
2011	204.54	1,784.13	21,050.60	241,694.50
2012	269.10	2,627.98	24,617.10	317,110.70
2013	371.65	3,719.65	40,799.08	490,425.51
2014	1,223.70	3,787.75	92,354.46	491,382.93
2015	2,130.25	5,027.06	174,145.23	934,359.86

Source: CFMMC.

Improving Legal Framework for the Futures Market

The CSRC studied the framework for automated trading and for cracking down on novel violations or offenses. Bonded delivery of futures products were shifted from pilot programs to common practices. Margin requirements and position limits rules were further calibrated. *Interim Measures for Foreign Traders and Brokers to Trade Designated Futures Products* was released, and supplementary policies for foreign exchange management, tax treatment and custom management were also pressed ahead.

Promoting Market Innovation

Facilitating innovation in the commodities market. Tin and nickel futures contracts were traded on the market. Pilot programs of "insurance + futures", "insurance + futures + banks", "grain bank", "basis quotes" and "inventory management" were also launched, expanding channels to serve the agriculture-related businesses and enterprises in the real sector. Preparations for launching agriculture product options, starting with soybean meal and sugar futures, were well under way. More still, the CSRC has been studying new trading products and instruments on non-ferrous metal index, and the feasibility of listing futures on carbon emissions.

Expediting development of the financial futures market. Built on the 5-year Treasury Bond Futures contract, the 10-year Treasury Bond Futures were newly listed for trading, which helped improve the yield curve and facilitate interest liberalization. SSE 50 Stock Index Futures and CSI 500 Stock Index Futures were also introduced to the market. Development of new products like the foreign exchange futures and interest futures has been pressed ahead. *Measures for Stock Options Trading Pilots* was released, paving the way for SSE 50 ETF option trading pilots. More still, *Guidelines on the Participation of Securities and Futures Institutions in the Pilot Trading of Stock Options* was issued to support the financial institutions in participating the trading.

Promoting Sound Development of the Securities Companies, Asset Management Companies, Futures Companies and Private Fund Institutions

Snapshot

244 billion

Accumulated net profit of this year arrived at RMB244 billion

At the end of 2015, there were 125 securities companies across China, among which 28 were publicly listed. The total assets of the entire industry reached RMB6.4177 trillion, the net assets were RMB1.4515 trillion, and the registered capital RMB365 billion,outperforming all the prescribed risk control indicators. Accumulated net profit of this year arrived at RMB244 billion.

There were 101 securities investment fund management companies, 79 of which have set up subsidiaries for special accounts. The total assets and net assets reached RMB118.979 billion and RMB85.432 billion respectively. Asset under management (AUM) totaled RMB12.42 trillion, up by 82.46% year on year. The AUM of public fund companies expanded to RMB8.4 trillion, with 2,723 viable products (see Table 2-7); the AUM of the fund company special accounts reached RMB2.8509 trillion. Social security fund under management amounted to RMB790.5 billion, and the enterprise annuity under management totaled RMB353.6 billion. 1,297 public fund products were registered in the year under the new registration-based product review regime.

Table 2-7 Number of the securities investment funds

Close-ended fund	Open-ended fund				
	Equity Fund	Hybrid Fund	Money Market Fund	Bond Fund	QDII
164	587	1,184	220	467	101

Source: AMAC.

The total assets of 150 futures companies reached RMB474.598 billion, with registered capital, net assets and net capital of RMB52.465 billion, RMB78.246 billion and RMB60.011 billion respectively. In 2015, futures companies earned operating revenue of RMB24.464 billion, with a net profit of RMB6.007 billion.

By the end of 2015, 25,005 private fund managers had been registered with Asset Management Association of China (AMAC), 7,763 of which had assets under management, with an average size of RMB653 million. There were 379,400 practitioners in the industry, and 24,054 private fund products that had been filed with a total of committed capital of RMB5.07 trillion, and paid-in capital of RMB4.05 trillion.

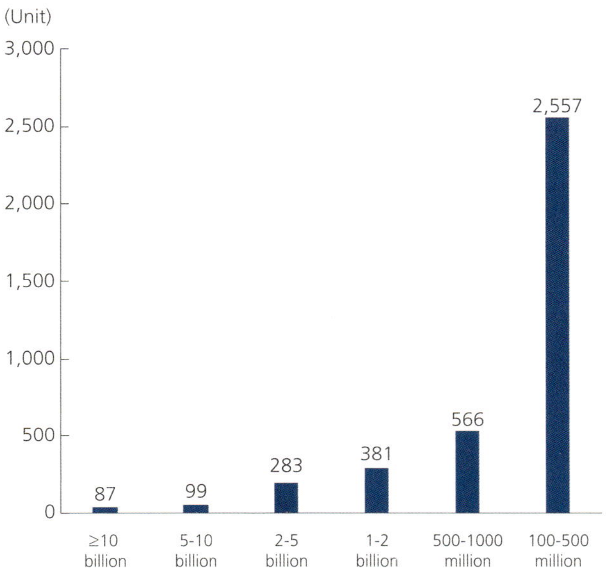

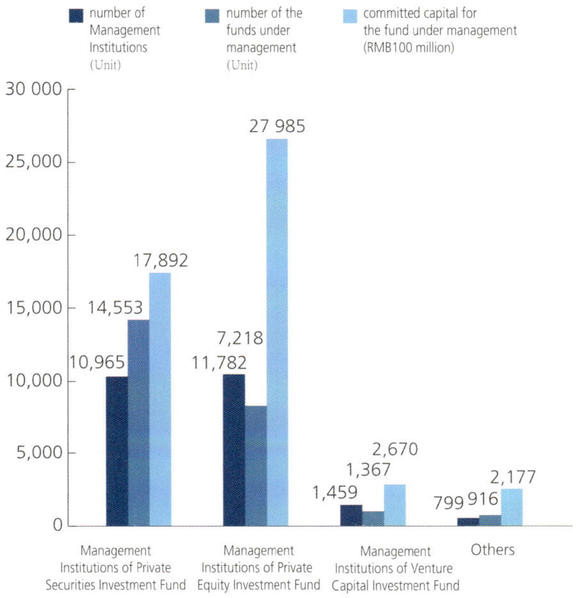

Figure 2-11 Registered Private Fund Managers

Source: AMAC.

Supporting Regulated Development

The CSRC supported securities companies to replenish capital through IPOs, listing on the NEEQ, capital increase or new share issue, and through instruments like bond, short-term bill (pilot) and subordinated perpetual bond.

The CSRC revised *Measures for the Supervision and Administration of Money Market Funds* and its supplementary rules, focusing on prevention and supervision of liquidity risk, credit risk and interest risk. The CSRC also facilitated the drafting of *Measures for the Administration of Service Providers of the Securities Investment Fund*, and initiated outsourcing trials of the middle/back office businesses of newly established public fund managers.

The CSRC was supportive of futures companies to marshal financing resources through domestic and overseas public listing or through non-exchange listing on the NEEQ. In the *Capital Replenishment Guidelines for Futures Companies*, which was released by the CSRC in 2015, it encourages capital replenishment by issuing subordinated bonds. Besides, the CSRC also supported futures companies, through its risk-management-centered subsidiaries, to pilot warehouse receipt service, co-funded hedging, pricing service, basis trading and market making, exploring new models to serve agriculture-related businesses by linking the futures market with the spot market.

The CSRC supported securities investment advisory institutions to manage private funds, and to participate in privately placed securities businesses through the INTEROTC. These advisory institutions were also supported to replenish capital through capital increase or new share issue, through introducing new shareholders or listing on the NEEQ, so as to enhance risk resilience.

In 2015, the CSRC approved one insurance company to set up a fund management firm, granted license for one insurance asset management company to manage public funds, and permitted 15 securities companies to be market-makers for stock options transactions.

Guiding the Development of Private Fund Industry

The CSRC developed self-regulatory rules on fund raising, fund contract, information disclosure and internal control, and revised measures to improve registration and filing work. Information of the private fund companies were disclosed by category and the out-of-touch ones would be publicized on an *ad hoc* basis. Qualified private fund companies were permitted to participate in the inter-bank bond market. The private fund companies were allowed to manage public funds as well.

Enhancing in-process and *ex post* Supervision

- Continuing to Streamline Administration, Delegate Powers, and Reform Procedures for Administrative Approval
- Enhancing in-process and *ex post* Day-to-day Supervision
- Taking Efforts to Guard Against and Defuse Financial Risks
- Perfecting Regulatory Enforcement Coordination
- Pushing ahead with Comprehensive Capacity Building

Continuing to Streamline Administration, Delegate Powers, and Reform Procedures for Administrative Approval

Canceling and Adjusting Several Approval Items

The CSRC, upon the consent of the State Council, canceled 12 approval items, and adjusted accordingly related regulations and normative rules. Among them, CSRC abolished "approval for fees charged by the stock exchanges and the securities depository and clearing agency", " approval for use of stock exchange risk fund and securities clearing risk fund", and " approval for the launch, revision and termination of contracts at the futures exchanges". Besides, approvals for the establishment of public fund management companies, futures companies and CSF were converted to ex post approval items.

Sorting out the Items for Reporting

The CSRC abolished 151 items, and adjusted 4 items under the reporting category. Items taken off from the list do not need to be reported any more, yet adjusted items should be reported according to new requirements. To complement these changes, the CSRC developed management rules and standards for prudential regulation purpose, improved regulatory approaches, and strengthened in-process examination and *ex post* punishment.

Making the Approval Process More Transparent

The CSRC drew up the service guidelines for administrative approvals and the review working modalities, which clarify the approval timelines and the review processes. More still, the CSRC decided to make public the review opinions for IPOs, refinancing, M&As and reorganizations, and corporate bond public issuance. During the whole year, the CSRC made public 6,329 pieces of information, and disclosed 408 pieces of information upon request.

6,329 pieces

The CSRC made public 6,329 pieces of information

Enhancing in-process and *ex post* Day-to-day Supervision

Increasing Efficacy for Regulation over Listed Companies

All the listed companies on the SSE were supervised by sector or industry, whereas 55% of the listed companies on the SZSE were supervised in this manner. The CSRC extended the disclosure guidelines to cover 23 sectors, revised the disclosure standards for annual report, and improved disclosure regulation framework. Corporate restructuring preparatory plans that need no *ex ante* authorization were put up to the disclosure express. As a result, all listed companies, except the ones that were disqualified for disclosure express, or the ones with pending technical treatments like ex-rights and ex-dividends, have adopted electronic and express disclosure. More still, the CSRC revised *Working Rules for Regulatory Coordination over Listed Companies*, which improves the coordination mechanism for listed company supervision.

Strengthening Supervision of non-listed Public Companies

To increase regulatory synergy and efficiency, the CSRC released *Guidelines for Enhancing Supervision of non-listed Public Companies*, which specifies clearly the division of responsibility among competent regulatory institutions. The CSRC improved in-process and ex post supervision, and information sharing mechanism, and implemented the rules for on-site inspection, which included *ad hoc* inspections on nominee shareholding and on fund occupation.

Improving Supervision of Financial Institutions

Regarding securities firms supervision, the CSRC examined their IT systems and account management, and cleaned up illegal margin financing activities, reiterating the bottom lines for asset management, fund depository and margin trading businesses. The CSRC further revised the rules for margin trading and brokerage business by securities firms, and stepped up making self-regulatory rules on compliance managers. The CSRC provided guidance to securities firms to nurture their talent pools to include chief risk officer and risk managers. Moreover, the CSRC took regulatory measures, i.e. suspending sponsor licenses, halting any application for administrative approval, and issuing warning letters for 6 times in total, which affected one sponsor broker and 11 sponsors.

Regarding public fund management companies supervision, the CSRC rectified the trading on non-public information by practitioners to improve internal control. Besides, the CSRC conducted targeted on-site inspections to enhance internal control and external supervision, and to deter illegal operations and offenses. *Ad hoc* missions were also organized to inspect the IT system management and operation security, and to conduct annual inspections too. Lurking risks detected in the on-site inspections were disposed in a timely fashion. Efforts were also made to properly grant licenses to mutual fund management firms and to the fund management business.

As regards futures companies, the CSRC completed the evaluations of futures companies by category and disposed of the uncovered risks. According to related laws and regulations, the CSRC revoked business licenses of those underperformed the net capital requirement. The CSRC rectified illegal margin trading accounts for futures contracts and other law-breaking activities by urging futures companies to tighten external access to their IT systems. What's more, the CSRC pressed ahead with the establishment of FISS to increase the capabilities of data analysis and risk surveillance.

In order to detect illegal account use, the securities and futures companies are obligated to review the truthfulness of the account holder's name. 400 issues of concern were identified in direct inspections and *ad hoc* inspections. The CSRC took administrative and regulatory measures against 13 securities companies, 12 mutual fund companies or their affiliates, 1 futures company and its related parties, and 16 securities investment advisory firms.

Strengthening Supervision on Corporate Bond Market

The CSRC conducted on-site inspections of 105 issuers, 7 rating agencies and 49 securities companies. 23 administrative or regulatory measures, as well as 104 day-to-day supervisory measures were taken as a result of these inspections. More still, the CSRC issued *Processes for Corporate Bond Default Risk Surveillance and Disposal(Trial)*, putting in place a risk prevention and control system, risk surveillance indicators system and a system for risky bond ledger and reporting. Additional efforts were made to improve repo risk management.

Strengthening Supervision on Private Fund

The CSRC started assessing the implementation of *Interim Administrative Measures for Private Investment Fund Supervision*, and released *Working Guidelines for On-site Inspections of Private Investment Fund (Trail)*, and its supporting manuals and working papers. The CSRC established a data statistical and reporting regime, and a mechanism of joint meeting with the concerned regulators. As of the end of 2015, the CSRC had directed 756 private fund management institutions with an AUM of RMB500 million to conduct self-examination, and conducted on-site inspections of 190 private fund institutions with potential risks or illegal margin financing activities. As a result, the CSRC took regulatory measures, administrative penalties or formal investigations on 60 private fund institutions or its distributing arms, and held 8 individuals responsible. Some leads of cases were transferred to the judicial authorities.

Enhancing Supervision on Service Providers

The CSRC started to explore a regulatory system for accounting firms and asset appraisal institutions engaging in securities-related businesses. Regulatory arrangements were further elaborated. In 2015, the CSRC added more weight to financial information disclosure, and pressed ahead with the implementation of internal control measures. Inspections of the service providers were strengthened, resulting in administrative and regulatory measures against 21 accounting firms, 11 asset appraisal agencies, 45 certified accountants and 28 certified appraisers as well.

Taking Efforts to Guard Against and Defuse Financial Risks

Under the leadership of the CPC Central Committee and the State Council, related ministries and commissions, took prompt and comprehensive measures to restore, build and develop the A-share market after abnormal fluctuations in 2015. These market-based and lawful actions combined have prevented and defused possible systemic financial risks of the market.

Adjusting market supply and demand at a proper time. The CSRC supported listed companies and their major shareholders to take actions to stabilize their stocks value around reasonable level. The CSRC also supported securities firms to expand proprietary business and reduce handling fee and transfer fee for A-share trading.

Improving market rules. The CSRC issued jointly with other ministries and commissions the *Notice for Encouraging Listed Companies to Merge and Restructure, to Pay Cash Dividend and Repurchase Shares*; improved rules for major shareholders to increase or downsize share holding, and rules for information disclosure; revised *Administrative Measures for Margin Trading and Short Selling by Securities Firms* at a proper time, in particular, the provisions on returning the margin securities and countercyclical adjustment; improved stock index futures trading rules to curb excessive speculation; expanded financing channels for securities companies; and improved the risk control indicator system and internal control guidance for the securities and futures companies.

Cracking down all kinds of illegal behavior which destroying the market order under the law. The CSRC conducted *ad hoc* actions against illegal margin financing activities, requiring securities companies to standardize external access to its IT systems, to strictly honor the real-name account requirements; tightening account management, limiting spoofing and solidifying front-line regulation; enhancing management of automated trading and intensifying investigation of insider trading and market manipulation etc. Between June 15 and October 30, 2015, the CSRC investigated 166 cases, 1.95 times that number in 2014.

Guiding and stabilizing market expectation. The CSRC monitored closely the media reports, and used Weibo, Wechat and other social media platforms to release and interpret policies, so as to address public concerns and questions during the abnormal fluctuations in the stock market. All the efforts helped stabilize the market confidence.

Perfecting Regulatory Enforcement Coordination

The CSRC deepened enforcement cooperation with the police to synchronize investigations into significant cases. In addition, the CSRC enhanced coordination with the People's Bank of China and the Ministry of Industry and Information Technology, to conduct joint investigations in cases involving capital flows and communication records. Internally, the CSRC has put in place a coordination system consisting of CSRC headquarters, regional offices, exchanges, industry associations, and CSRC affiliated institutions, with a clear-cut division of work and a focus on regulatory synergy. At the regional offices, in particular, the CSRC issued provisions on their regulatory responsibility, and reshuffled the divisions with clear positions. Moreover, the CSRC emphasized on the policy coordination between day-to-day supervision, approval and filing, and investigation and enforcement. Violations could be detected, curbed and handled through means of on-site inspection, off-site supervision, education and training, and investigation and enforcement. In 2015, the CSRC continued building the central regulatory information platform to expedite centralized data repository, and to facilitate information sharing between various regulatory authorities through advanced technologies like big data and cloud computing. Seven sub-systems were up and running for trial purpose.

Pushing ahead with Comprehensive Capacity Building

Enhancing Team Building Efforts

The CSRC implemented *Rules for the Selections and Appointments of Leading Party and Government Cadre and Several Provisions on the Promotion and Demotion of Leading Cadres (Trial)*; Improved the circulation and rotation system, and the assessment system for cadres during the probationary period; carried out on-the-spot review of reserve cadres, focusing on capacity building and the responsibility of selecting and appointing cadres; and internally required the CSRC Central Party Committee and all the affiliated regional offices and institutions to report and evaluate the work for selecting and appointing cadres. The CSRC also made efforts to eliminating noncompliant appointments, conducted *ad hoc* investigations into cadres' files, regulated cadres working part-time in business, and strengthened requirements on officials going abroad for personal reasons.

Promoting Anti-corruption Campaigns

The CSRC comprehensively strengthened Party discipline, pressed ahead with anti-corruption campaigns, and released *Opinions on the Stakeholders for Anti-corruption Campaigns* to specify responsibilities and to strengthen supervision over power. Cooperating with the Central Inspection Team and the Central Commission for Discipline Inspection, the CSRC created a good atmosphere by taking up supervision and inspection on its own initiative, which ensured a successful inspection work. The CSRC also implemented CPC'S "eight-point" anti-graft rules and practiced thrift and frugality, strictly controlling expenditures on official visits, official vehicles, and official hospitality. In addition, the CSRC intensified its inspections by setting up 6 inspection teams in a row and inspected 12 affiliated institutions. More still, the CSRC earnestly implemented *CPC Self-discipline Guidelines and CPC Disciplinary Regulations*, internally organizing trainings on anti-corruption campaigns across the system and for secretaries of the discipline inspection commissions.

Improving the Internal Management Mechanism

Guidance for CSRC Affiliated Institutions to Implement "Three Criticals and One Substantial" Policy was issued to improve decision-making for critical issues, appointment of critical cadres, investments into critical projects, and use of a substantial amount of money. *CSRC's Party Committee Opinions on Further Strengthening the Management of Affiliated Institutions* was also implemented. Ad hoc inspections were organized to enhance internal control and external supervision, and to deter illegal operations and offenses across the capital market regulatory system, in particular 9 affiliated institutions including the SSE and the SZSE. Problems were rectified in a timely manner. Full-time secretaries of the discipline inspection commissions were appointed across the regulatory system. More still, separate offices of discipline inspection and supervision were established to strengthen management, team building and coordination.

Introducing a New Normal of Restrictions on Power

The CSRC gave early alert to signs of potential issues.The CSRC's CPC Party Secretary and the Director of the Dispatched Discipline Inspection Office (former Secretary of the Discipline Inspection Commission) personally interviewed all party secretaries and discipline secretaries across all regional offices and affiliated institutions, ensuring a nation-wide converge. Moreover, the CSRC strengthened supervision, discipline implementation and accountability, improved reporting platforms by integrating information from letters, visits, phone calls, and websites, added online comment functions, and regulated the disposal of leads of cases. Additional efforts were made to investigate leads of cases against departments and individuals in power and to strictly implement discipline.

Strengthening the Rule of Law

- Building Legal Infrastructure
- Enhancing Enforcement and Standardization
- Moving Forward with Case Proceedings
- Cultivating Capital Market Integrity

Building Legal Infrastructure

Solidifying Legal Foundation

There has been continuing progress in revising the *Securities Law* and drafting the *Futures Law*. In April of 2015, the first review of the amended draft of *Securities Law* was completed at the 14th session of the Standing Committee of the 12th National People's Congress (NPC). The second edition of *Futures Law* (draft) was revised. The drafting of *Regulations on Oversight of Listed Companies and Tentative Regulations on Private Funds* was in progress. The NPC also issued *the Decision on Authorizing the State Council to Adjust Applicable Regulations in Securities Law for the Implementation of Stock Issuance Registration System Reform*.

Improving Implementation Framework

Last year, the CSRC issued 12 sets of rules and 30 normative documents. 172 documents, in the form of notices, letters and guidelines on the restrictions and limitations concerning securities and futures institutions were reviewed or repealed. The CSRC also issued *Decisions on Amending Relevant Provisions for the Implementation of Registered Capital Registration System Reform*.

In issuing *Notice on Further Improving the Mechanism for Drafting, Reviewing and Formulating Rules and Normative Documents*, the CSRC specified drafting, reviewing, and formulating requirements applicable to regulations, normative documents and self-regulatory rules. In addition, the CSRC launched a pilot mechanism for independent review of regulations, updated the procedural arrangements during the public comment period for draft regulations, and improved the internal review mechanism for rule-making.

Updating on Administrative Settlements

The released *Implementing Measures for Pilot Programs of Administrative Settlement* details proceedings from application, acceptance, consultation, settlement to agreement execution. *The Interim Measures for Administrative Settlement Payments* co-issued with the Ministry of Finance defines use and management of administrative settlement payments. Efforts were also made to broaden the scope of remedies available to investors in the securities and futures market. Prior to the official launch of the pilots, the CSRC also specified requirements for the management and use of administrative settlement payments as well as the related accounting methods and supporting measures.

Enhancing Enforcement and Standardization

Zero Tolerance on Illegal Activities and Violations

3.751 billion

RMB3.751 billion worth of asset was frozen related to suspected violations

The increased enforcement cases and improved efficiency speaks to the CSRC's toughened penalty measures in keeping its heightened enforcement efforts. Last year saw 345 filed investigations, a 68% year-on-year increase. 288 allegedly involved persons were prohibited from overseas travel, and RMB3.751 billion worth of asset was frozen related to suspected violations. Out of all cases, 55 were transferred to the police; 50 tips submitted on wrongdoings were announced; 273 cases were set for penalty charges and hearing.

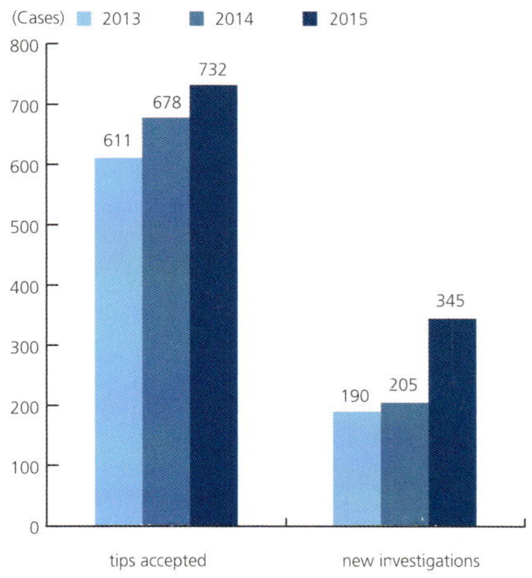

Figure 4-1 Cases Handled between 2013 and 2015

Launching the 2015 Targeted Enforcement Campaign

In 2015, the CSRC spearheaded eight rounds of targeted enforcement actions on illegal activities and violations specific to the NEEQ, market value management, market rumors, private funds, insider trading, and false statements (see Figure 4-1). It filed investigations into 120 major cases. 102 of those have been completed, out of which 12 were transferred to the police, 71 were transferred for administrative penalties, and 5 for parallel investigations by both administrative and criminal authorities.

Table 4-1 Rounds of cases in the 2015 Targeted Enforcement Campaign

Launching Date	Sequence of Actions	Targeted Types	Number of Cases
2015-4-24	First	5 types of common violations across the entire market	12
2015-5-8	Second	5 types of violations likely concentrated on the NEEQ	10
2015-5-22	Third	6 new types of market manipulation of severe market influence	12
2015-6-5	Fourth	5 types violations of gross information fabricating and rumor spreading	16
2015-7-3	Fifth	5 types of gross disclosure violations during issuance, M&A and restructuring	10
2015-8-3	Sixth	illegal margin financing activities	16
2015-9-7	Seventh	speedy crackdown on new types of market manipulation	30
2015-11-6	Eighth	targeted crackdown on major accounts during critical and sensitive periods of market fluctuations	14

Additional progress was made in strengthening the enforcement regime: the CSRC promulgated the amended *Provisions on Banning the Entry into the Securities Market* with added definitions on the conditions and scope for permanent ban. It issued *Opinions on Entrusting SSE and SZSE to Pilot Case Investigations*, further detailing their enforcement procedures and scope. The CSRC also issued *the Opinions on Standardizing Securities Business Activities*.

Standardization and Crackdown on Illegal Activities

Together with member agencies and associated departments of the Inter-Ministerial Joint Meeting on Trading Venues Standardization, the CSRC carried out targeted crackdown on illegal trading activities in the precious metal market in an effort to rectify noncompliance. Workshops were held on the regulation of regional trading venues. The CSRC urged local governments to deliver on the rectifications made for standardizing trading venues, and provided them with guidance and support to mitigate risks associated with trading venues.

The CSRC facilitated creating a more sound working mechanism for provincial governments to investigate and crackdown on illegal activities in the securities and futures markets. Last year, the CSRC made 340 reviews on tips associated with alleged noncompliance, transferred 148 tips to the police, and disclosed 157 confirmations on the illegality of relevant activities. The CSRC, alongside public security bureaus, also organized awareness campaign in local communities, held 2,497 educational seminars, distributed over 1.13 million pamphlets, and sent over 68.17 million texts.

Moving Forward with Case Proceedings

Tightening Administrative Penalties

In 2015, the CSRC imposed administrative penalties or gave pre-notifications of administrative penalties to 767 institutions and individuals, with associated fines and disgorgements totaling over RMB5.4 billion, more than 1.5 times of the amount combined during the previous decade. It concluded 196 cases (refer to Table 4-2), imposed 177 administrative penalties, and made 11 market entry bans. Disgorgements and fines resulted from such penalties amounted to RMB1.1 billion, a 134.04% year-on-year increase (refer to Table 4-3). A total of 73 hearings were held, a 108.57% year-on-year increase.

Table 4-2 Breakdown of Cases between 2013 and 2015

Year	Disclosure Violation	Insider Trading	Market Manipulation	Others	Case Concluded
2013	23	51	8	4	86
2014	36	69	15	43	163
2015	47	64	18	67	196

Table 4-3 Breakdown of Penalties Between 2013 and 2015

Year	Administrative Penalties (items)	Market Entry Bans (items)	Disgorgements and Fines (RMB100 million)
2013	79	21	7.28
2014	158	18	4.7
2015	177	11	11

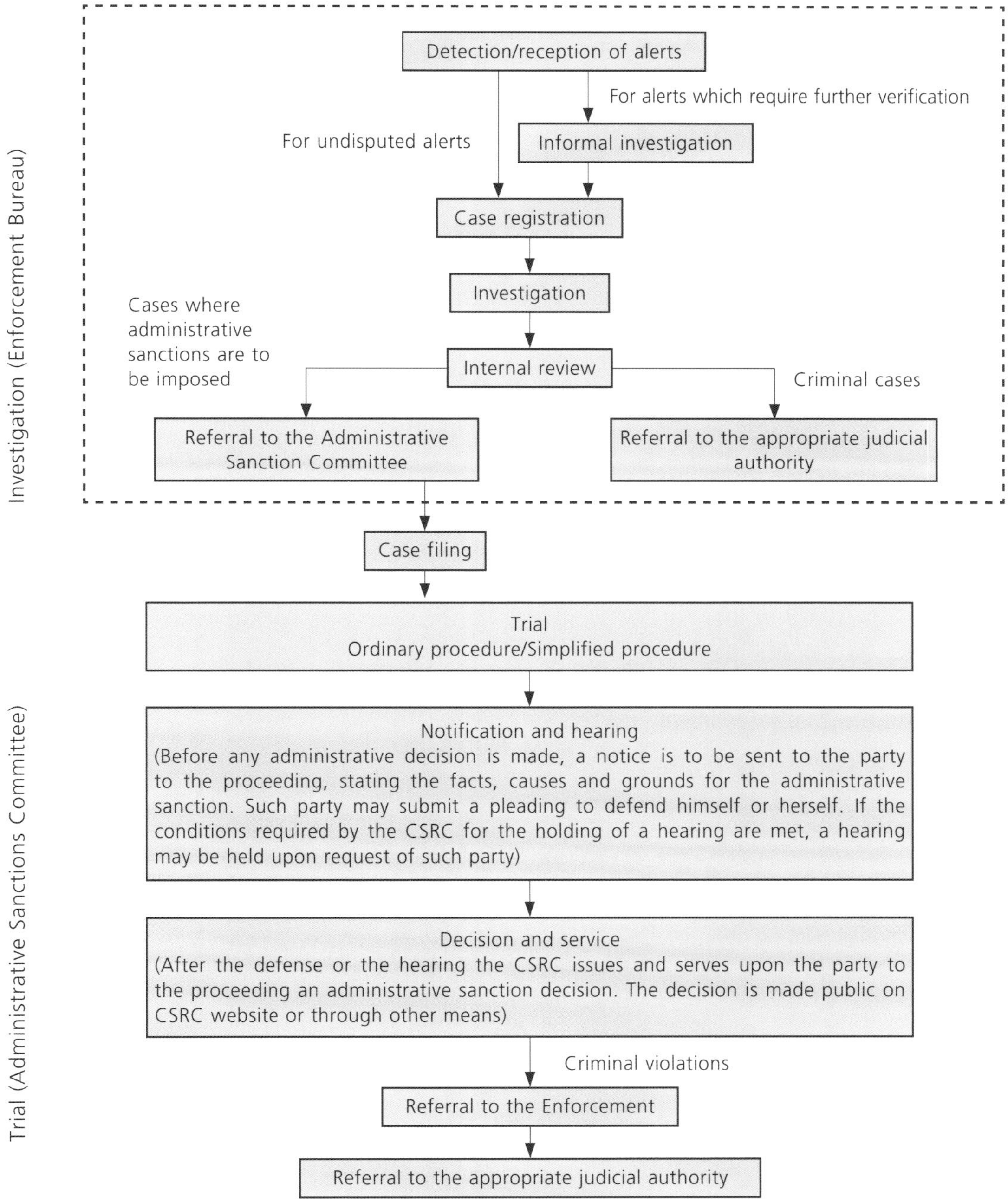

Figure 4-2 Enforcement Procedures

Deepening the Reform on the Separation of Investigation and Hearing

A five-person collegial decision-making body with one presiding judge applies to major, serious, and complex cases. A more straightforward procedure applies to cases with clear facts, sufficient evidence, and indisputable legal applicability. The working bridging procedure between trial departments and investigation ones was further optimized, with the issuing of the Working Plan For Pilot Circuit Trials. In addition, Hearing Rules for Administrative Penalties was amended with a focus on rights protection for the relevant parities and the CSRC's enforcement proceedings on administrative penalties (see Table 4-2).

The Trial

The responsibilities of the Administrative Sanction Committee include:

- drafting rules and implementation procedures for the trial and hearing of administrative penalty cases
- formulating rules on how to determine the nature of noncompliance in securities and futures market
- handling administrative penalty cases, organizing hearings, proposing suggestions for penalties
- supervising and guiding work related to administrative penalties within the system
- organizing and coordinating the responds, reconsiderations, and replies to relevant cases
- Guiding system-wide replies to administrative penalties
- Engaging in international cooperation and exchange relevant to administrative penalties in accordance with relevant rules

The regional offices under the CSRC conduct daily operations. Each of the regional offices, in accordance with its mandate, reviews cases within its jurisdiction and imposes administrative penalties upon relevant parties engaged in illegal activities in the securities and futures market.

Ensuring the Supervisory Function of Administrative Reconsideration and Administrative Procedure

In 2015, the CSRC reviewed a total of 118 cases, among which 75 cases were newly accepted for reconsideration, 1 case was for administrative compensation, and 42 cases for reconsideration were carried forward from 2014. Meanwhile, there were responses to 36 administrative cases, among which the CSRC was listed as the defendant in 13 cases, dispatched agencies in 13 cases, a securities exchange in 1 case, and both the CSRC and dispatched agencies in 9 cases. Responds to 28 cases from previous years were concluded. Throughout the year, the courts made 36 effective rulings, siding with the CSRC in 34 out of all, which translates into a 94.4% favorable final ruling rate for the CSRC. The CSRC also rolled out a pilot hearing system for administrative reconsiderations.

The CSRC is also committed to responding to major cases. In the Jiulongshan(Code:600555) vs. the CSRC lawsuit, the Supreme People's Court arraigned the CSRC as the administrative counterpart appealed the administrative penalties, a first since the founding of the CSRC. In accordance with the laws, the CSRC dispatched representatives to appear in court for pleadings. In 2015, the CSRC issued 3 opinion booklets on administrative reconsideration based on feedback on the enforcement of reconsiderations and responds.

Cultivating Capital Market Integrity

Promoting Market Integrity

In promoting market integrity, the CSRC has been updating the market Integrity Database, and co-edited and compiled *the 2014 Report on Capital Market Integrity*. At the end of 2015, there were 672,000 market players included in the database, among which 44,000 were institutions and 628,000 were individuals, with a total of 89,000 entries. As the market regulator, the CSRC cross-referenced the integrity database 54,000 times in 2015. On average, the public visited the open platform for market dishonesty records in 180 batches per day.

Improving the Joint-ministerial Disciplinary Mechanism

Together with 22 ministries including the National Development and Reform Commission (NDRC), the CSRC issued *the Cooperation Memorandum on the Joint Disciplinary Actions Against the Responsible Parties of Discredited Listed Companies*, so that "if one is dishonest somewhere, he becomes restricted everywhere." Through reserve incentives, the CSRC promoted law-abiding behaviors and integrity among listed companies and their senior management. The CSRC was also one of the signatories of *Cooperation Memorandum on the Coordinate Supervision of and Joint Discipline against Discredited Enterprises*.

Promoting Inter-departmental Information Sharing and Using

The CSRC and the General Administration of Quality Supervision, Inspection and Quarantine (AQSIQ) co-released *the Notice on Promoting Code Information Sharing Among Organizations*. The CSRC also deepened its cooperation with Public Security Bureaus in citizen identity information sharing. Other cooperation efforts include information sharing with the Supreme People's Court and the State Administration of Taxation. Throughout last year, over 1.5 million entries of discredited persons recorded by the Supreme People's Court and 790 pieces of material tax-related violation information were archived into the integrity database in a timely manner. The CSRC also fully supported the development and operation of the credit information sharing platform under the joint conference mechanism of social credit system, and contributed over 5, 000 entries to the venues.

Protecting Investors' Rights and Interests

- Improving Investor Protection Mechanism
- Facilitating Investor Education
- Enhancing the Protection of Investors' Rights and Interests

Improving Investor Protection Mechanism

Carrying out *ad hoc* Programs of Investor Protection

The CSRC launched the "Fairness not Faraway" program, aiming at protecting investors through 6 key tasks in 2015, including increasing its request processing capacity, building national securities and futures dispute resolution centers, carrying out pilot projects of executing rights as a shareholder①, building the Chinese Investors Website, promoting the creation of investor educational bases, and releasing a White Paper on investor protection in China's capital market.

Accelerating the Establishment of a Unified Investor Suitability System

The CSRC advanced the drafting of measures for the suitability management of securities and futures investors, evaluated the suitability of existing systems and the implementation, strengthened institutional obligations, and specified the bottom line and regulatory rules to prevent market risks and to better protect investors.

Revising the Measures for the Administration of Protection Fund

Jointly with the Ministry of Finance and the People's Bank of China, the CSRC pressed ahead with the revision of the *Measures for the Administration of Securities Investor Protection Fund*. In addition, the CSRC improved the corporate governance of SIPF, optimized the protection fund raising procedures, expanded the financing channels and broadened the operational forms of the securities investor protection fund.

Strengthening Multi-dimensional Investigation and Evaluation of Investor Protection

The CSRC started evaluating investor protection, issuing sub-reports of *Evaluation Report on Investor Protection of Listed Companies, drawing up Evaluation Report on Investor Protection of Securities Companies, and drafting White Paper on Investor Protection of Capital Markets*. Efforts were also made to establish a normal mechanism in collecting investors' opinions, and to conduct comprehensive and *ad hoc* investigations of investors. In addition, the CSRC established inspection mechanisms for investor protection, and conducted ad hoc inspections regarding complaint processing, investor education, suitability management and dispute resolution and so forth in Liaoning, Jilin, Guangdong and other provinces.

Facilitating Investor Education

Warning Investors of Risks

Multiple entities would provide differentiated risk warnings for targeted investors through various channels.

Creating Investor Educational Bases

The CSRC released *Guidance on Promoting the Construction of Educational Bases for Securities and Futures Investors and Guidelines on the Application for the First Group of Investor Educational Bases*, specifying general requirements, construction standards, application and naming, and management of educational bases. More efforts were made to draft guidelines on the naming review of national educational bases, to start naming application process, and to establish an expert-pool for base review.

① In this pilot project, China Securities Investor Services Corporation Limited (CSISC) would buy shares of listed companies in China, and exercise the shareholders' rights on behalf of the minority shareholders.

Compiling and Publishing Classic Cases of Investor Protection

The CSRC compiled about 80 classic cases of investor protection and released through around 60 national and local media. *"Fairness not Faraway" Investor Protection Series: Classic Cases* and *"Fairness not Faraway" Investor Protection Series: Q&A on Combating Market Violations and Consolidating Unregulated Trading Venues* published by the CSRC also provided exemplary instructions.

Improving Comprehensive Investor Service Platform

The CSRC facilitated the creation of a Chinese Investor Website, positioning it as "the website for investors". Efforts were also made to initiate and review projects of investor protection subsystem under the central regulatory information platform.

Incorporating Investor Education into National Education System

The CSRC expanded the coverage of investor education in the national education system and diversified the forms of education. Major efforts included: introducing investor education into primary, secondary and tertiary education curriculum; adding more pilot schools and relevant teaching points in Shanghai, Guangdong, Qingdao, Hunan, Sichuan and other places; and together with government of Henan Province, issuing *Opinions on Jointly Incorporating Investor Education into National Education System in Henan Province*.

Enhancing the Protection of Investors' Rights and Interests

Optimizing the Mechanism of Investor Request Processing

As of the end of April 2015, "12386" hotline had been the main channel in dealing with investors' complaints. This toll-free direct hotline facilitated investors to voice their demands. After the direct hotline became operational nationwide, the number of requests increased by 175% month over month. All the CSRC regional offices had hotlines and tested more than 1,200 new sites.

The CSRC improved the hotline service, established a complaint review and screening mechanism in order to increase investors' interactions and to reduce invalid complaints. The CSRC also aligned hotline complaints with mediation services, diversifying ways to deal with requests. By the end of 2015, the hotline had provided around 200 new replies, handled nearly 100,000 requests of all types. The regulatory system disposed of 16,000 day-to-day whistleblower's reports.

Improving the Mechanism of Compensation for Investors' Rights and Interests, and of Dispute Settlement

The CSRC established the remedial mechanism for the diluted current returns, requiring that companies develop practical measures to subsidize the diluted returns which applying for listing, and that board directors, supervisors and senior managers be loyal and responsible to the legitimate rights and interests of all the shareholders and the company, and make commitments in prospectus. The CSRC also established advance compensation mechanisms, requiring sponsor brokers to make public commitments in the public offering and listing documents that advance compensations would be made to investors for any losses caused by false records, misleading statements or material omissions in the documents of listed companies.

Together with the Supreme People's Court, the CSRC promoted the alignment of securities and futures disputes and litigations with mediation services, drafting *Notice on Pilot Projects of Diversified Securities and Futures Dispute Resolution Mechanisms in Certain Areas*. The CSRC continued to improve diversified dispute settlement mechanism, including promoting the establishment of national dispute mediation organizations, tapping the potential of industry associations, professional bodies and local mediation organizations to enhance the overall dispute resolution capacity. By the end of 2015, the CSRC had received around 2,300 disputes involving over RMB100 million, among which around 1,900 disputes were settled, accounting for about 80% of the total.

Market Accessibility

- Promoting the Internationalization of the Exchanges
- Facilitating the Cross-border Two-way Flow of Financing and Investing
- Facilitating the Formulation of Supporting Policies in Free Trade Zones
- Promoting Further Opening up to Hong Kong, Macau and Taiwan
- Deepening International Cooperation and Exchanges

Promoting the Internationalization of the Exchanges

In May 2015, Shanghai Stock Exchange (SSE), China Financial Futures Exchange (CFFEX) and Deutsche Börse Group jointly launched a marketplace for the trading of RMB-denominated offshore securities products in Europe and founded a joint venture, China Europe International Exchange Co., Ltd (CEINEX). CEINEX was officially launched in October 2015 and operation commenced in November. The establishment of the CEINEX is a significant advance in enhancing the two-way opening up of China's capital markets and expanding the cross-border use of RMB. The establishment is also a new attempt by the domestic exchanges to implement their internationalization development strategies and an important measures to support the "One Belt, One Road" national strategy.

In the early time of the CEINEX, the listed financial products are mainly spot ones including RMB-denominated bonds, stocks, exchange-traded funds (ETF) based on A-shares and RMB-denominated asset-backed securities issued by foreign companies or issued overseas by domestic companies. By the end of 2015, 199 products had been listed on the CEINEX and total turnover had amounted to RMB632 million.

Facilitating the Cross-border Two-way Flow of Financing and Investing

Encouraging cross-border two-way financing of the capital markets

Supporting the overseas listing of domestic companies. The CSRC streamlined its approval process by abolishing financial review for overseas listing. The A/H share pricing limit was also abolished so as to allow companies to take advantage of A/H share valuation discrepancy. The CSRC made key approval points and progress tracking available online to enhance transparency and predictability. The approval process was simplified so that the average approval time does not exceed one month.

In 2015, domestic companies were active in financing through overseas listing. There were 69 domestic companies which raised USD45.4 billion in total(See Figure 6-1), of which USD25.9 billion through initial public offerings (IPO) and USD19.5 billion through refinancing. The H share companies approved by the CSRC occupied 80% of the total capital raised through IPOs in the Hong Kong market. By the end of 2015, 233 domestic companies had been listed overseas, raising a total of USD290.5 billion. Among them, 207 companies

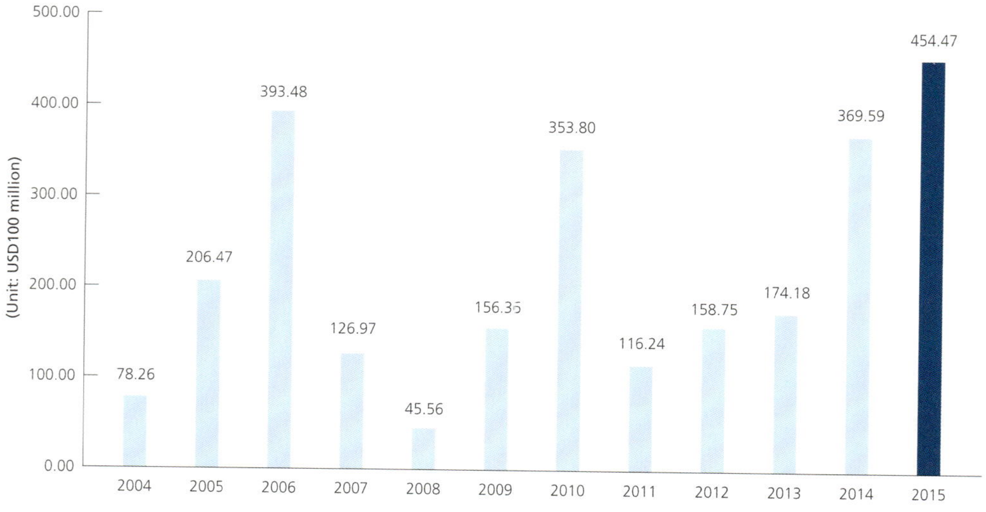

Figure 6-1 Total Capital Raised by Overseas-Listed Companies

were listed on the Main Board of the Stock Exchange of Hong Kong (SEHK) (including 10 dual listings in Hong Kong and New York, 4 dual listings in Hong Kong and London, and 1 triple listing in Hong Kong, New York and London); 24 were listed on the Growth Enterprise Market of SEHK and two were listed on the Singapore Stock Exchange. Out of all the companies listed overseas, 89 had issued A shares, 1 had issued B shares, and 1 had issued both.

Promoting Cross-border Two-way Investment

Improving the QFII and RQFII systems. The CSRC promoted the qualifications approval of Qualified Foreign Institutional Investor (QFII) in a smooth manner and coordinated with the State Administration of Foreign Exchange (SAFE) to accelerate the approval of the QFII investment quota. The CSRC further expanded RMB Qualified Foreign Institutional Investor (RQFII) pilot scheme to 16 countries or regions including Switzerland, Luxembourg, Chile, Hungary, Malaysia, United Arab Emirates, Thailand etc. The RQFII quota was increased to RMB1.21 trillion. In coordination with the People's Bank of China and the SAFE, the CSRC revised QFII and RQFII related rules and improved related regulations, for instance, simplifying the entry, the procedures for the outward and inward remittance of capital for foreign institutional investors and establishing more flexible quota management regulations to facilitate cross-border long-term capital investment.

Launching a pilot program for foreign enterprises to issue RMB-denominated bonds. The CSRC facilitated the pilot program for foreign enterprises to issue RMB-denominated bonds and to enrich the list of bond issuers. By the end of 2015, 2 foreign enterprises had privately offered RMB-denominated corporate bonds on the SSE, raising a total of RMB1.5 billion.

Facilitating the Formulation of Supporting Policies in Free Trade Zones

In October 2015, the CSRC, Shanghai Municipal Government, People's Bank of China and other relevant authorities jointly issued *Plan on Further Promoting a New Pilot for Financial Reform and Opening in the China (Shanghai) Pilot Free Trade Zone and Accelerating Construction of the Shanghai International Financial Center*. The plan allows or expands qualified institutions and individuals to invest in domestic and foreign securities and futures markets; further expands the RMB cross-border use and supports the foreign parent companies or their subsidiaries in the Free Trade Zone to issue RMB-denominated bonds in China; further opens up financial services by encouraging the establishment of securities and futures institutions and their innovative development. The CSRC actively assisted the Ministry of Commerce to research and formulate the overall plan of Guangdong, Tianjin and Fujian free trade zones. The plan was released by the State Council in April 2015.

Promoting Further Opening up to Hong Kong, Macau and Taiwan

Deepening Shanghai-Hong Kong Stock Connect

2,279.5 billion

The total transaction value had reached RMB2,279.5 billion

In 2015, the overall operations of Shanghai-Hong Kong Stock Connect ran smoothly. The Shanghai-Hong Kong Stock Connect has provided the investors with convenience of the two-way access to stocks and played an important role in improving the structure of investors and enhancing interconnectivity and synergy of Shanghai and Hong Kong. By the end of 2015, the total transaction value had reached RMB2,279.5 billion, among which the Northbound trading value reached RMB1,638.576 billion and the Southbound trading RMB640.925 billion. The average daily quota used in the Northbound reached RMB606 million, and the Southbound RMB646 million. The remaining trading quota for the Northbound was RMB180.285 billion, and for the Southbound RMB141.751 billion.

Promoting Mutual Recognition of Funds between the Mainland and Hong Kong

The CSRC and the Hong Kong Securities and Futures Commission signed *Memorandum of Regulatory Cooperation Regarding Mainland-Hong Kong Mutual Recognition of Funds*, effective from July 1, 2015. The memorandum has further deepened the economic and financial cooperation between the Mainland and Hong Kong. By the end of 2015, 17 Hong Kong-domiciled funds had applied for mutual recognition, and three of them got registered with the CSRC.

Specifying Related Policies of Establishing Joint Venture Securities Companies and Investment Advisory Firms

USD **9.776** billion

Gaining total QFII quota of USD9.776 billion

In accordance with *the Closer Economic Partnership Arrangement (CEPA) and its supplementary agreements*, qualified Hong Kong or Macau financial institutions are permitted to set up one fully licensed joint venture securities firm in Shanghai, Guangdong and Shenzhen.The maximum aggregate shareholding of Hong Kong or Macau institutions could be as high as 51%, and the Mainland shareholders are not restricted to securities firms. Qualified Hong Kong-funded and Macau-funded financial institutions are permitted to set up one new fully licensed joint venture securities firms in certain pilot zones in the Mainland, and the Mainland shareholders are not restricted to securities firms,and the aggregate shareholding of Hong Kong or Macau institutions should not be more than 49%. The 49% limit of aggregate shareholding of Mainland single shareholder was lifted; in pilot zones, Hong Kong-funded or Macau-funded securities firms are permitted to hold more than 50% of shares in joint venture securities investment advisory firms.

The CSRC actively engaged in the signing of *the Agreement on Trade in Services between the Mainland and Hong Kong and the Agreement on Trade in Services between the Mainland and Macau* under the framework of CEPA. Pre-establishment national treatment (PENT)[1] with a negative list approach was introduced as a means to expand the opening up of securities and futures industry to Hong Kong and Macau.

In December 2015, the 3rd Conference on Cross-Strait Securities and Futures Regulatory Cooperation was held, at which the regulators had constructive discussions about easing related limitations of QFII, granting RQFII quota to the region of Taiwan and easing limitations for mainland entities to hold equities in securities and futures firms based in the region of Taiwan. By the end of 2015, 27 Taiwan-funded enterprises had been approved to be listed on the A-share market, 4 Taiwan-funded financial institutions had held ownership in joint venture fund management companies in the mainland, 35 Taiwan-funded financial institutions had been granted QFII licenses gaining total QFII quota of USD9.776 billion.

① PENT is the obligation to treat foreign investors and/or their investments no less favorably than national investors in like situations.

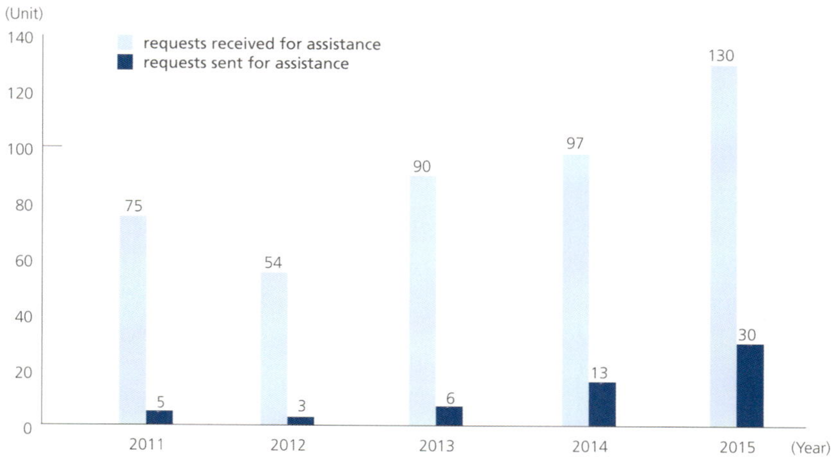

Figure 6-2 Cross-border Enforcement Assistance

Deepening International Cooperation and Exchanges

Strengthening International Regulatory Cooperation

Deepening participation in IOSCO. In 2015, the CSRC succeeded in joining the IOSCO Multilateral Memorandum of Understanding (MMoU) Screening Group, which is responsible for formulating the international standards of cross-border enforcement. The CSRC participated in thematic assessments on the incentives coordination mechanism in the securitization market and supervision of money market funds, and responded to surveys on the digitalization of capital markets, corporate governance etc., and held the 3rd IOSCO Committee working meeting in China.

Signing bilateral memorandum of understanding on regulatory cooperation. The CSRC signed *Memorandum of Understanding (MOU) Regarding Securities and Futures Regulatory Cooperation* with the Polish Financial Supervision Authority, the National Bank of Kazakhstan and the Azerbaijan State Securities Commission. By the end of 2015, the CSRC had signed bilateral MOUs with 62 overseas regulators from 58 countries and regions.

Actively carrying out cross-border enforcement assistance. The CSRC organized the international seminar on cross-border law enforcement. The CSRC improved inter-ministerial consultation mechanism to ensure the smooth operation of cross-border enforcement assistance. The CSRC actively fulfilled the obligation of cross-border enforcement cooperation under the MMOU. In 2015, the CSRC received 130 incoming requests for assistance and sent 30 requests for assistance (See Figure 6-2).

Promoting Auditing Regulatory Cooperation between China and the US. In coordination with the Ministry of Finance, the CSRC was in the process of negotiations with US Public Company Accounting

Oversight Board (PCAOB) and promoted day-to-day auditing regulatory cooperation pilot projects between China and the US.

Working on On-site Assessment of the Principles for Financial Market Infrastructures. The CSRC took part in the implementation assessment of the *Principles for Financial Market Infrastructures (PFMI)* and preliminarily completed the first stage of the assessment. The CSRC actively participated in the Policy and Standard Group under the Committee for Payment and Market Infrastructures (CPMI) and IOSCO, and facilitated to improve CPMI-IOSCO Broad Market Suggestions, risk control and measurement standards of Central Counterparties.

Facilitating Communication and Cooperation with International Organizations

Participating actively in international financial governance and cooperation. The CSRC continued to work with other authorities under multilateral frameworks including the Group of 20 (G20), the Financial Stability Board (FSB), the International Monetary Fund (IMF), the World Trade Organization (WTO), the Organization for Economic Cooperation and Development (OECD), the Asia-Pacific Economic Cooperation (APEC), the Asian Development Bank (ADB), etc. The CSRC actively implemented the commitments concerning the capital market under the G20, participated in FSB's peer review and annual assessment of shadow banking, negotiated and decided on the interim vision and action plan of the cooperation with OECD, and hosted "Securities Enforcement and Cross-border Cooperation" training seminars of APEC Financial Regulators Training Initiative (FRTI).

Pushing forward strategic dialogues and bilateral negotiations on investments. In 2015, the CSRC completed 19 bilateral and multilateral dialogues, participated in the first Sino-German high-level financial dialogue and continued to participate in bilateral dialogues with the governments of the US, the UK, France, the EU and Singapore. The CSRC took part in free trade negotiations of China-Korea, China-Australia, China-Japan-Korea and China-Pakistan Free Trade Areas and Regional Comprehensive Economic Partnership (RCEP) and China-ASEAN Free trade area upgrades, as well as the bilateral cooperation mechanisms of joint commissions of China-Singapore Free Trade Area and China-New Zealand Free Trade Area, fully supporting the construction of free trade zones and expanding the key cooperative bilateral relationships.

Appendices

Appendix 1 Highlights of 2015

- On January 9, the CSRC launched the Industry-wide Data Communication Network 2015 ("Zheng Lian Wang"or Securities Futures Information Platform), a dedicated network initiated by the CSRC for data communication in securities and futures industry. The equipment acceptance, node acceptance, backbone network acceptance and stress testing of the network were completed, allowing all institutions industry-wide access.

- On January 9, the CSRC released the *Administrative Measures for the Pilot Scheme on Stock Options Trading*, which sets forth clear stipulations on the key aspects of stock options trading as well as obligations and rights of various participants. Meanwhile, Shanghai Stock Exchange was authorized to launch pilot stock options trading.

- On January 15, the CSRC held the National Securities and Futures Regulatory Work Conference 2015 in Beijing. Themed on "Highlight Regulatory Transformation, Improve Regulatory Efficiency", the Conference promulgated specific requirements on eight aspects, including enhancing the capabilities of the capital market to serve the real economy, exploring the establishment of a new regulatory mechanism strengthening in-process and *ex post* supervision.

- On January 23, the CSRC held the Working Meeting on Anti-Corruption Campaign of the Party Committee within the system, aiming to implement the guidelines of the Fifth Plenary Session of the 18th Central Commission for Discipline Inspection. Mr. Huimin Wang, Director of the Dispatched Discipline Inspection Office of the Central Commission for Discipline Inspection of the CPC to the CSRC, set forth roadmap at the meeting.

- On March 13, the CSRC approved trading of nickel and tin futures on the Shanghai Futures Exchange (SHFE).

- On March 16, the CSRC held the Seminar on Supporting Tibetan Capital Market in Beijing. With a summary of the efforts made to sustain Tibetan economic and social development and the effects, the Seminar set force the concrete measures to further increase support.

- On March 27, the CSRC promulgated the *Guidelines on the Participation in Trading through the Shanghai-Hong Kong Stock Connect by Publicly Offered Securities Investment Funds*, setting force requirements to the Funds participating in Shanghai-Hong Kong Stock Connect on the qualification and procedure, information disclosure, risk management, and internal control system.

- On April 16, SSE 50 and CSI 500 stock index futures listed for trading.

- On April 17, the CSRC and KNF (Polish Financial Supervision Authority) signed *MOU Regarding Securities and Futures Regulatory Cooperation*.

- On April 17, the CSRC canceled and revised 155 registration items. For the canceled registration items, the concerning market entities are no longer required to submit report. For the revised registration items, report submissions shall proceed in accordance with the revised requirements.

- On April 24, the CSRC fully launched the "2015 Targeted Enforcement Campaign". From April to November, investigations were conducted by eight times into the new third board market, market capitalization management, stock market rumor, private investment fund, insider trading, false statement and other specific violations. A total of 120 major violation cases were investigated.

- On April 30, the CSRC canceled 8 administrative approval items, including the approval of new trading products on stock exchanges and the approval of charges by stock exchanges and securities depository and clearing agency, and canceled the licensing and accreditation of one professional qualification.

- On May 13, the CSRC and the National Bank of Kazakhstan signed *MOU Regarding Securities and Futures Regulatory Cooperation*.

- On May 15, the special program of investor protection initiative, "Fairness not Faraway", was officially launched. Units and departments within the CSRC's regulatory system shall earnestly fulfill the responsibilities set forth by the Headquarters.

- On May 19, the CSRC and the State Committee for Securities of the Republic of Azerbaijan signed *MOU Regarding Securities and Futures Regulatory Cooperation*.

- On May 22, the CSRC and the Securities and Futures Commission (SFC) of Hong Kong signed *Memorandum of Regulatory Cooperation Regarding Mainland-Hong Kong Mutual Recognition of Funds (MRF)* and announced the *Interim Rules on the Administration of Hong Kong Funds under the Mutual Recognition of Funds Initiative*.

- On May 26, the CSRC held a general meeting of the CSRC CPC Committee, to earnestly study the spirits of the "Three Strict's and Three Honest's" raised by CPC General Secretary Jinping Xi.

- On June 26, the CSRC formulated the *Interim Measures for the Administration of Overseas Traders' and Overseas Brokers Engaged in Trading of Designated Domestic Futures Products* approving crude oil futures as a designated type of futures trading available for the trading in Chinese Mainland.

- On July 1, the CSRC announced the revised *Administrative Measures for Margin Trading and Short Selling by Securities Firms*. SSE and SZSE also respectively released the Detailed Rules for Margin Trading and Short Selling to strengthen the protection of investors' rights and interests and to improve the current mechanism of risk monitor and control.

- On July 18, the CSRC, jointly with 9 other authorities and ministries including People's Bank of China, announced the *Opinions on Promoting Sound Development of Internet Finance*. It sets forth the division of regulatory responsibilities of the major business activities in internet finance and raises specific requirements to the regulation in the internet industry, third party custody arrangements of client funds and so forth.

- On August 1, lowered relevant fees for A-share trading and clearing. SSE and SZSE reduced A shares trading fees by 30%. CSDC cut down trading transfer fees by about 33%.

- On August 21, the CSRC, to honor the commitments and policies in the *Supplementary Agreement X to Closer Economic Partnership Arrangement* (CEPA), set forth concrete measures to promote further opening of firms engaged in securities-related business activities.

- On August 22, the 2015 Mid-year Meeting on National Securities and Futures Regulation was held in Beijing. The Meeting decided to comprehensively and objectively understand the present stock market and unswervingly promote reform and development of the capital market.

- On August 28, the CSRC held the working meeting on discipline inspection among affiliated institutions.

- On August 28, the CSRC announced the *Notice on Adjusting Margin Requirements of Non-Hedging Position-Holding on CSI 300, SSE 50, and CSI 500 Stock Index Futures*, which adjusted the opening position limits and increased transaction fees on stock index futures trading day.

- On August 31, the CSRC, jointly with the Ministry of Finance, State-owned Assets Supervision and Administration Commission, and China Banking Regulatory Commission, issued the *Notice on Encouraging Mergers, Acquisitions and Restructuring, Cash Dividends, and Share Repurchase by Listed Companies*.

- On September 1, the CSRC published inspection results and administrative sanctions on the unsupervised margin trading in three companies, namely Hundsun Networks, Hithink RoyalFlush Information Network, and Shanghai Mecrt. The CSRC decided to issue administrative punishments to the three companies and to disgorge their illegal gains.

- On September 7, the CSRC, jointly with the Ministry of Finance, issued the *Notice on Issues Concerning Differentiated Individual Income Tax Policies on Dividends and Bonuses of Listed Companies*. The Notice stipulates that in the case where an individual acquires the stocks of a listed company from its public offering or from the stock market and holds the stocks for more than one year, the gains from dividends and bonuses shall be temporarily exempt from individual income tax.

- On October 30, the CSRC, jointly with the People's Bank of China, Ministry of Commerce, China Banking Regulatory Commission, China Insurance Regulatory Commission, and the Shanghai Municipal People's Government, issued the *Plan on Further Promoting a New Pilot for Financial Reform and Opening in China (Shanghai) Pilot Free Trade Zone and Accelerating Construction of the Shanghai International Financial Center*.

- On October 31, the Mobilizing Meeting to Prepare for the Inspection by the 7th Central Inspection Group at the CSRC was held. The Meeting stressed that leaders and staff of all levels in the whole system shall earnestly study and comprehend the speech by CPC General Secretary Jinping Xi on inspection work. The whole system shall fully support the inspection and positively accept "full examination".

- On November 6, the CSRC formally decided to restart new listings and set forth policies and measures to further reform and improve IPO regulations, centering on preventing overly high subscription to new issues, simplifying IPO review requirements, strengthening responsibilities of financial intermediaries, intensifying protection of the legal rights and interests of investors, and so forth.

- On November 6, the CSRC issued the revised *Rules of the China Securities Regulatory Commission on Administrative Sanction Hearings*, including scope of application, scope of sanction from the hearings, and so forth.

- On November 20, the CSRC issued the *Opinions on Promoting the Development of National Equities Exchange and Quotations* (NEEQ). It maps out the plan to promote the development of the NEEQ and proposes general requirements to the present development of the NEEQ.

- On November 27, the CSRC issued the *Opinions on Further Standardizing the Execution of Rights for Reviewing Stock Offerings*, as well as supporting policies including the *Rules on Strengthening Recusal Requirements for Related Staff in Public Offering Reviewing* and *Rules on Strengthening Recusal Requirements for Members of the Public Offering Review Committee*.

- On November 30, the 11th International Advisory Council Meeting of CSRC was held in Beijing. The Meeting centered on "Steady Development and Regulatory Transformation in the New Capital Market". Vice Premier of the State Council Kai MA met with the IAC members.

- On December 18, the CSRC, jointly with the People's Bank of China, promulgated the *Rules on Several Issues Relating to the Implementation of the Administrative Measures for the Supervision of Money Market Funds*. The Provisions encourages innovation and development of the money market funds on the premise of effective risk control, and lays out institutional arrangements for the new business activities in the integrated development of money market fund and internet.

- On December 18, the first batch of 7 funds under the *Mainland-Hong Kong Mutual Recognition of Funds (MRF) Initiative* was approved for registration with the CSRC and the SFC, including 3 Hong Kong funds and 4 Mainland funds.

- On December 24, the CSRC, jointly with 22 other authorities and ministries including National Development and Reform Commission and the People's Bank of China, signed off the *Memorandum of Cooperation Regarding Joint Punishments to Law-Breaking and Dishonest Listed Companies*. It ascertains the subjects of punishments, punishment measures, legal basis, and enforcement agencies, as well as establishes the feedback mechanism for the sharing of information and results of joint punishments.

- On December 27, the 12th Standing Committee of the National People's Congress, on the 18th Meeting, reviewed and approved the *Motion on the Decision on Authorizing the State Council to Adjust the Relevant Applicable Provisions of the Securities Law of the People's Republic of China in the Implementation of Stock Issuance Registration System Reform (Draft)*.

- On December 28, the Third Conference on Cross-Strait Securities and Futures Regulatory Cooperation was held to exchange views on topics including authorization of stock index for the cooperation among stock exchanges of the two sides and easing limitations for Mainland securities and futures firms to hold equities in institutions based in the region of Taiwan.

- On December 30, the CSRC promulgated the *Guidance on Several Issues Relating to Initial Public Offering, Refinancing and Compensation for Dilution of Ownership in the Material Assets Restructuring*. As a further step in intensifying protection of the legal rights and interests of medium and small investors in the capital market, it encourages listed companies to enhance capabilities to generate sustained returns.

- On December 31, the CSRC promulgated the revised *Administrative Measures for the Offering and Underwriting of Securities, Administrative Measures for Initial Public Offerings and Listings*, and *Administrative Measures on Initial Public Offerings and Listings on Growth Enterprise Board*, to further regulate the issuance and underwriting of IPO and to standardize code of conduct in issuance and underwriting.

Appendix 2 Regulatory Documents Promulgated by the CSRC in 2015

Regulations promulgated by the CSRC

- *Administrative Measures for the Pilot Scheme on Stock Options Trading* (January 9, 2015, CSRC Decree No. 112)

- *Administrative Measures for the Offering and Trading of Corporate Bonds* (January 15, 2015, CSRC Decree No. 113)

- *Measures for the Implementation of the Pilot Scheme of Administrative Settlement* (February 17, 2015, CSRC Decree No. 114)

- *Provisions on Banning the Entry into the Securities Market* (June 7, 2006, CSRC Decree No. 33, amended in accordance with the *Decision on Amending the Provisions on Banning the Entry into the Securities Market*, May 18, 2015, CSRC Decree No. 115)

- *Interim Measures for the Administration of Overseas Traders' and Overseas Brokers Engaged in Trading of Designated Domestic Futures Products* (June 26, 2015, CSRC Decree No. 116)

- *Administrative Measures for Margin Trading and Short Selling by Securities Firms* (July 1, 2015, CSRC Decree No. 117)

- *Provisions on the Regulatory Functions of CSRC's Regional Offices* (October 29, 2015, CSRC Decree No. 118)

- *Rules of the China Securities Regulatory Commission on Administrative Sanction Hearings* (November 2, 2015, CSRC Decree No. 119)

- *Measures for the Supervision and Administration of Money Market Funds* (December 17, 2015, CSRC Decree No. 120)

- *Administrative Measures for the Offering and Underwriting of Securities* (December 13, 2013, CSRC Decree No. 95, amended according to the *Decision on Amending the Administrative Measures for the Offering and Underwriting of Securities*, December 30, 2015, CSRC Decree No. 121)

- *Administrative Measures for Initial Public Offerings and Listings* (May 17, 2006, CSRC Decree No. 32, amended in accordance with the *Decision on Amending the Administrative Measures for Initial Public Offerings and Listings*, December 30, 2015, CSRC Decree No. 122)

- *Administrative Measures on Initial Public Offerings and Listings on Growth Enterprise Board* (May 14, 2014, CSRC Decree No. 99, amended in accordance with the *Decision on Amending the Administrative Measures on Initial Public Offerings and Listings on Growth Enterprise Board*, December 30, 2015, CSRC Decree No. 123)

Guidelines and Standards Promulgated by the CSRC

- *Guidelines on the Participation of Securities and Futures Institutions in the Pilot Trading of Stock Options* (January 9, 2015, CSRC Announcement [2015] No. 1)

- *Standards for Contents and Formats of Information Disclosure by Companies Publicly Offering Securities No. 23 — Application Documents for the Public Offering of Corporate Bonds* (as amended in 2015) (March 2, 2015, CSRC Announcement [2015] No. 2)

- *Standards for Contents and Formats of Information Disclosure by Companies Publicly Offering Securities No. 24 — Application Documents for the Public Offering of Corporate Bonds* (as amended in 2015) (March 2, 2015, CSRC Announcement [2015] No. 3)

- *Interim Measures for the Administration of Administrative Settlement Funds* (February 28, 2015, CSRC Announcement [2015] No. 4)

- *Guidelines on the Participation in Trading through the Shanghai-Hong Kong Stock Connect by Publicly Offered Securities Investment Funds* (March 27, 2015, CSRC Announcement [2015] No. 5)

- *Catalogue of Filing Items to be Canceled or Adjusted as Determined by the CSRC* (April 10, 2015, CSRC Announcement [2015] No. 8)

- *Decisions on Abolishing Several Securities and Futures Regulations (13th)* (April 20, 2015, CSRC Announcement [2015] No. 9)

- *Opinions on the Application of Article 14 and 44 of the Measures for the Administration of Material Asset Restructuring of Listed Companies — Opinions No. 12 on the Application of Securities and Futures Laws* (April 24, 2015, CSRC Announcement [2015] No. 10)

- *Announcement on the State Council's Decision on Removing and Adjusting Several Administrative Approval Items* (April 28, 2015, CSRC Announcement [2015] No. 11)

- *Interim Rules on the Administration of Hong Kong Funds under the Mutual Recognition of Funds Initiative* (May 14, 2015, CSRC Announcement [2015] No. 12)

- *Guidance on Strengthening the Supervision of Non-Listed Public Companies* (May 15, 2015, CSRC Announcement [2015] No. 13)

- *Announcement on Abolishing Several Departmental Notices, Official Letters and Guidelines* (May 22, 2015, CSRC Announcement [2015] No. 14)

- *CSRC confirms crude oil futures as the specified domestic product, allowing overseas traders and brokers to participate in crude oil futures trading in accordance with the law.*① (June 26, 2015, CSRC Announcement [2015] No. 16)

- *CSRC determines to give full play to China Securities Finance Corporation Limited (CSF) and enhance its capacity for maintaining stock market stability. People's Bank of China provides liquidity support for CSF.*② (July 5, 2015, CSRC Announcement [2015] No. 17)

- *To maintain the stability of the capital market, CSRC decides to prohibit major shareholders, directors, supervisors and senior management staff in listed companies from downsizing their ownership in the company within six months from the day of announcement*③ (July 5, 2015, CSRC Announcement [2015] No. 18)

① The original title is "Announcement". The new title is added by the editor.

② The original title is "Announcement". The new title is added by the editor.

③ The original title is "Announcement". The new title is added by the editor.

- *Opinions on Standardizing Securities Business Activities* (July 12, 2015, CSRC Announcement [2015] No. 19)

- *Decision on Revising Relevant Regulations Based on the Reform of the Registration System of Registered Capital* (July 31, 2015, CSRC Announcement [2015] No. 20)

- *Guidance on Promoting the Development of Securities and Futures Investor Education Centers and Work Instructions on the Application of the First Group of Investor Education Centers* (September 8, 2015, CSRC Announcement [2015] No. 23)

- *Standard No.2: Contents and Formats of Annual Reports* (November 9, 2015, CSRC Announcement [2015] No. 24)

- *List of CSRC's Random Inspection Items* (November 10, 2015, CSRC Announcement [2015] No. 25)

- *CSRC's Opinions on Promoting the Development of National Equities Exchange and Quotations* (November 16, 2015, CSRC Announcement [2015] No. 26)

- *Opinions on Further Standardizing the Execution of Rights for Reviewing Stock Offerings* (November 24, 2015, CSRC Announcement [2015] No. 27)

- *Rules on Strengthening Recusal Requirements for Related Staff in Public Offering Reviewing and Rules on Strengthening Recusal Requirements for Members of the Public Offering Review Committee.* (November 24, 2015, CSRC Announcement [2015] No. 28)

- *Ten Bans in CSRC's Enforcement Activities* (December 11, 2015, CSRC Announcement [2015] No. 29)

- *Rules on Several Issues Relating to the Implementation of the Administrative Measures for the Supervision of Money Market Funds* (December 17, 2015, CSRC Announcement [2015] No. 30)

- *Guidance on Several Issues Relating to Initial Public Offering, Refinancing and Compensation for Dilution of Ownership in the Material Assets Restructuring* (December 30, 2015, CSRC Announcement [2015] No. 31)

- *Standards for Contents and Formats of Information Disclosure by Companies Publicly Offering Securities No. 1 — Prospectus* (as amended in 2015) (December 30, 2015, CSRC Announcement [2015] No. 32)

- *Standard No. 28 — Prospectus of Companies Listed on Growth Enterprise Board* (December 30, 2015, CSRC Announcement [2015] No. 33)

Appendix 3 Affiliated Institutions

Shanghai Stock Exchange

Founded on November 26, 1990, the Shanghai Stock Exchange (SSE) started its operation as a not-for-profit legal entity and is directly under the administration of the CSRC.

The major functions of the SSE include: providing venues and facilities for the trading of securities; formulation SSE rules; accepting listing applications and arranging listing of securities on the SSE; organizing and overseeing trading of securities on the SSE; supervising SSE members and companies listed on the SSE; and overseeing and publishing market information.

As of the end of 2015, 1,081 companies were listed on the SSE. 1,125 stocks were traded on the SSE, with a combined market capitalization of RMB29.52 trillion and a total free-float market capitalization of RMB25.41 trillion. The SSE-listed companies had 3.02 trillion capital shares in combination, of which RMB2.74 trillion shares were floating accounting for 90.68% of total shares.

Tel: 021-68808888
Fax: 021-68804868
Email: webmaster@secure.sse.com.cn
Website: www.sse.com.cn
Address: Shanghai Stock Exchange Building, 528 South Pudong Road, Shanghai 200120

Shenzhen Stock Exchange

Founded on December 1 1990, the Shenzhen Stock Exchange (SZSE) acts as a legal person subject to the CSRC supervision.

The major functions of the SZSE include: providing venues and facilities for the trading of securities; formulating SZSE rules; accepting listing applications and arranging listing of securities on the SZSE; organizing and overseeing the trading of securities on the SZSE; supervising SZSE members and companies listed on the SZSE; managing and releasing market information; and other functions as approved by the CSRC.

As of the end of 2015, a total of 1,746 companies were listed on the SZSE, and 1,784 shares were listed on the SZSE. The SZSE-listed companies had a total market capitalization of RMB23.61 trillion, of which RMB16.38 trillion were floating, and had 1.28 trillion capital shares in combination, of which 962.5 billion shares were floating, accounting for 75.32% of total shares.

Tel: 0755-88668888
Fax: 0755-82083947
Email: cis@szse.cn
Website: www.szse.cn
Address: 2012 Shennan East Road, Shenzhen, Guangdong 518038

Shanghai Futures Exchange

The Shanghai Futures Exchange (SHFE) is a self-regulated entity that is under the uniform regulation by the CSRC. The main functions of SHFE include providing the place, facility and service for futures transaction, formulating and implementing the business rules of futures exchange, designing futures contracts and arranging listing of contracts, organizing and supervising the transaction, clearing and delivery of futures, setting forth and implementing the rules of risk management, and controlling the market risk, etc.

As of the end of 2015, there were 14 futures contracts available for trading on SHFE, including the futures on copper, aluminum, zinc, lead, nickel, tin, gold, silver, steel rebar, steel wire rod, hot rolled coil, fuel oil, bitumen and natural rubber. The SHFE had 201 members, including 150 futures firm members, and 1,258 remote trading terminals nationwide. In 2015, the SHFE recorded a total turnover of RMB63.56 trillion (all figures based on one-sided trade data), accounting for 11.47% of total national trading value, and a total trading volume of 1.05 billion contracts, accounting for 29.36% of total trading volume.

Tel: 021-68400000
Fax: 021-68401198
Email: info@shfe.com.cn
Website: www.shfe.com.cn
Address: 500 Pudian Road, Pudong New Area, Shanghai 200122

Zhengzhou Commodity Exchange

Established on October 12, 1990, the Zhengzhou Commodity Exchange (ZCE) is the first futures market under a pilot program upon approval by the State Council and one of the four futures exchanges in China.

The major functions of the ZCE include: providing venues for futures trading; the service of designing and listing future contracts; the service of clearing and delivery; the supervision on transaction; risk management of trading; information service, etc.

As of the end of 2015, there were 16 futures contracts available for trading on ZCE, including the futures on strong gluten wheat, common wheat, early indica rice, japonica rice, cotton, rapeseed, rapeseed oil, rapeseed meal, sugar, thermal coal, methanol, pure terephthalic acid (PTA), glass, late indica rice, ferrosilicon and silicon manganese. The ZCE had 152 members, 237 certified delivery warehouses, 13 certified clearing banks and approximately 1.06 million investor accounts. In 2015, the ZCE recorded a total trading volume of 1.07 trillion futures contracts (all figures based on one-sided trade data), up 58.3% from 2014; an average daily position of 2.73 million futures contracts, up 10.9% from 2014; a total turnover of RMB31 trillion, up 33.3% from 2014.

Tel: 0371-65610069
Fax: 0371-65613068
Email: czce@czce.com.cn
Website: www.czce.com.cn
Address: No. 30 Shangwu Waihuan Road, Zhengdong New District, Zhengzhou, Henan 450018

Dalian Commodity Exchange

Founded in 1993, the Dalian Commodity Exchange (DCE) is a futures exchange approved by the State Council and subject to the CSRC supervision.

The major functions of the DCE include: providing venues for futures trading; the service of designing and listing future contracts; the service of clearing and delivery; the supervision on transaction; risk management of trading; information service, etc.

As of the end of 2015, there were 16 futures contracts available for trading on DCE, including the futures on No. 1 soybeans, soybean meal, corn, No. 2 soybeans, soybean oil, linear low density polyethylene (LLDPE), RBD palm olein, polyvinyl chloride (PVC), coke, coking coal, iron ore, egg, fiberboard, blockboard, polypropylene (PP) and corn starch. The DCE had 169 members and 2.37 million investor accounts, including 72.3 thousand corporate clients. In 2015, the DCE recorded a total trading volume of 1.12 trillion futures contracts; a total turnover of RMB41.94 trillion; an average daily position of 4.92 million futures contracts, with a year-on-year increase of 45.05%,1.06% and 14.51% respectively.

Tel: 0411-84808888
Fax: 0411-84808588
Email: office@dce.com.cn
Website: www.dce.com.cn
Address: No. 129 Huizhan Road, Dalian, Liaoning 116023

China Financial Futures Exchange

Founded on September 8, 2006, the China Financial Futures Exchange (CFFEX) was jointly founded by Shanghai Futures Exchange, Zhengzhou Commodity Exchange, Dalian Commodity Exchange, Shanghai Stock Exchange and Shenzhen Stock Exchange with the approval of the State Council and the authorization of the CSRC. Its current registered capital amounts to RMB3 billion.

The main functions of the CFFEX include: organizing and arranging the trading, clearing and delivery of financial derivatives; formulating the business rules; self-regulation; releasing trading information; providing technology, venues and facility; other functions approved by the CSRC.

As of the end of 2015, there were 3 stock index futures contracts (CSI 300 Index Futures, SSE 50 Index Futures, CSI 500 Index Futures) and 2 treasury bond futures contracts (5-Year Treasury Bond Futures and 10-Year Treasury Bond Futures) available for trading on CFFEX. In 2015, stock index futures recorded a total trading volume of 334 million contracts and a total turnover of RMB411.75 trillion; the CSI 300 Index futures contracts recorded a total trading volume of 277 million contracts and a total turnover of RMB341.91 trillion; the SSE 50 Index futures contracts recorded a total trading volume of 35 million contracts and a total turnover of RMB30.69 trillion; the CSI 500 Index futures contracts recorded a total trading volume of 22 million contracts and a total turnover of RMB39.15

trillion. Treasury bond futures recorded a total trading volume of 6.09 million contracts and a total turnover of RMB6.01 trillion, among which 5-Year Treasury Bond futures contracts recorded a total trading volume of 4.40 million contracts and a total turnover of RMB4.36 trillion; 10-Year Treasury Bond futures contracts recorded a total trading volume of 1.68 million contracts and a total turnover of RMB1.65 trillion.

Tel: 021-50160666
Fax: 021-50160606
Email: rd@cffex.com.cn
Website: www.cffex.com.cn
Address: 6/F, LJZ Plaza, 1600 Century Avenue, Pudong New Area, Shanghai 200122

China Securities Depository and Clearing Corporation Limited

In accordance with the requirements by the Securities Law for centralization of securities depository and clearing services, China Securities Depository and Clearing Corporation Limited (CSDC) was founded on March 30, 2001 with the approval of the State Council and the authorization of the CSRC. The CSDC is a non-profit legal entity and is directly under the administration of the CSRC as a national financial infrastructure with systematic importance.

The CSDC functions as the opening and administration of securities accounts and the provision of centralized securities depository and custody services, and provides various clearing services including multilateral netting and gross settlement services. These services cover a broad range including securities listed on the SSE, SZSE and NEEQ, stock options, Shanghai-Hong Kong Stock Connect, Mainland-Hong Kong Mutually-Recognized funds, open-end funds, asset management products, margin financing loan business, physical delivery services for T-bond futures and cross-market custodian transfer services for the bonds transferring between Exchange Market and Inter-bank Market.

As of the end of 2015, the CSDC managed 99.11 million unified investor accounts. Registration, depository and custody services were provided for 8,508 securities in Shanghai and Shenzhen stock market; among them, 2,911 were exchange-listed stocks,and 5,129 stocks were listed on National Equities and Exchange Quotation; 3,752 asset management products; and 158 custody products. In 2015, the CSDC reported a gross settlement value of RMB1,136.81 trillion, a daily average gross settlement value of RMB4.66 trillion and a daily average net settlement value of RMB241.23 billion, and processed 85.19 million transfers per day with a daily average transfer value of RMB4.24 trillion.

Tel: 010-66210988
Fax: 010-66210938
Email: zbshi@chinaclear.com.cn
Website: www.chinaclear.cn
Address: No. 17, Taipingqiao Street, Xicheng District, Beijing 100033

China Securities Investor Protection Fund Corporation Limited

Founded on August 30, 2005, China Securities Investor Protection Fund Corporation Limited (SIPF) is a wholly state-owned corporation funded by the State Council, subject to the CSRC's administration.

The major duties of the SIPF include: raising funds for, managing and operating the SIPF; monitoring risks related to securities firms and participating in the disposition of such risks; assuming repayment to creditors of securities firms in accordance with relevant state policies and regulations in the event of disqualification, close-down, bankruptcy, or administrative receivership or trusteeship by the CSRC; organizing and participating in the liquidation of securities firm whose license is revoked, or which is closed down or goes bankrupt; managing and disposing of assets transferred to it as repayment to safeguard the interests of the Fund; providing regulatory and disposition recommendations to the CSRC when detecting any significant risk in the operation or management of securities firms which could damage the interests of investors and the security of the securities markets; and collaborating with relevant authorities in setting up a corrective mechanism to address latent operational risks in securities firms.

As of the end of 2015, the SIPF had a total asset of RMB70.65 billion, and a net asset of RMB19.47 billion. The SIPF has raised an aggregate fund of RMB67.41 billion, and paid an aggregate of RMB22.52 billion. Formal declaration amounted to RMB25.26 billion, and remaining pre-declaration amounted to RMB2.93 billion. The clearing and settlement monitoring system has conducted real-time oversight of 161 million accounts and RMB2.01 trillion of margins for brokerage clients in the market.

Tel: 010-66580863
Fax: 010-66580616
Email: yuhm@sipf.com.cn
Website: www.sipf.com.cn
Address: 22/F, Tower B, Xinsheng Place, No. 5 Jinrong Street, Xicheng District, Beijing 100033

China Securities Finance Corporation Limited

Founded on October 28, 2011, China Securities Finance Corporation Limited (CSF) is the only institution in China engaging in providing centralized securities lending to securities firms to support their margin trading and short selling business, approved by the State Council and the CSRC.

The CSF provides service by engaging in: providing centralized securities financing services to securities firms to support the latter's margin trading and short selling activities; using market-based approaches to adjust the supply of funds and securities in the markets; managing collaterals provided by securities firms; monitoring and analyzing the operation of securities firms' margin trading and short selling business activities and transactions to prevent and control market and credit risks; and carrying out other business activities approved by the CSRC.

By the end of 2015, the CSF had provided RMB246.91 billion worth of funds and securities to securities firms for their margin trading and short selling business activities, with the balance of centralized securities financing standing at RMB19.12 billion, including RMB19.11 billion of margin trading and RMB50.04 billion worth of securities for short selling. As of the end of 2015, the Shanghai and Shenzhen stock markets saw 913 securities traded as the underlying securities for margin trading and short selling purpose, 92 securities firms providing margin trading and short selling business, 4.03 million investors and the balance of margin trading and short selling amounting to RMB1.17 trillion.

Tel: 010-63211666
Fax: 010-63211601
Email: webmaster@csf.com.cn
Website: www.csf.com.cn
Address: 15/F, CPIC Plaza, No.28 Fengsheng Hutong, Xicheng District Beijing 100032

China Futures Market Monitoring Center Corporation Limited

China Futures Market Monitoring Center Corporation Limited (CFMMC) was established as a not-for-profit corporation in March 2006, subject to the guidance, supervision and administration of the CSRC.

The major functions of the CFMMC include: opening account for all investors in the futures market; monitoring the security of futures margins; conducting surveillance, monitoring and analyzing futures markets; providing futures investors with information inquiry on clearing services; providing regulatory authorities and futures exchanges with information services; acting as the manager of the Futures Investor Protection Fund; compiling and publishing commodity index and other indices; conducting investor surveys in futures market.

As of the end of 2015, the futures market had 1.08 million active customers, including 1.05 million individual customers and 29,000 institutional customers; and the Futures Investor Protection Fund had raised RMB5.80 billion in aggregate, with a total balance of RMB6.38 billion.

Tel: 010-66555088
Fax: 010-66555038
Email: cfmmc@cfmmc.com
Website: www.cfmmc.com
Address: 17/F, Tower B, Xinsheng Place, No. 5 Jinrong Street, Xicheng District, Beijing 100033

Capital Market Statistics and Monitoring Center Corporation Limited

Founded on September 12, 2012, Capital Market Statistics and Monitoring Center Corporation Limited (CMSMC) is a professional institution administrated by the CSRC and devoted to providing statistics, analysis and information service for the CSRC to support regulatory decision and systematic risk prevention.

The major functions of the CMSMC include: collecting, compiling and producing data related to the securities and futures markets and the macro economy, boosting data centralization and information sharing; providing customized service of statistical survey and market research; conducting statistics-based market routine analysis and thematic studies; participating in the construction, operation and maintenance of central regulatory information platform and monitoring system of the CSRC and assisting construction of intraday real-time and after-hours cross-market monitoring system; assessing the efficiency of important policies; monitoring, evaluating and alerting systematic risk, conducting stress test on the capital market, assessing the operation of the market, and disposing risk events.

Tel: 010-63889001
Fax: 010-63889062
Email: cmsmc@cmsmc.cn
Website: www.cmsmc.cn
Address: Southern Section, 4/F Jinyang Building, No. 26 Jinrong Street, Xicheng District, Beijing 100032

National Equity Exchange and Quotations Corporation Limited

Upon the approval of the State Council, the National Equity Exchange and Quotations was established as the first demutualized securities marketplace in China. Its operator is the National Equity Exchange and Quotations Corporation Limited (NEEQ). The NEEQ was registered on September 20, 2012, and started operation on January 16, 2013, with registered capital of RMB3 billion and subject to direct regulation by the CSRC.

The NEEQ primarily engages in: organizing the public transfer of shares of non-exchange-listed public companies; providing services to support relevant activities of non-exchange-listed public companies including fund raising and M&As; providing market participants with information, technical and training services; and other business activities as approved by the CSRC.

As of the end of 2015, 5,129 companies were listed on the NEEQ, with a total market capitalization of RMB2.46 trillion, total shares of 295.95 billion and floating shares of 102.36 billion. Among them, 1,115 adopted market making shares transfer, and 4,014 adopted negotiating transfer. In 2015, 27.89 billion shares were traded on the NEEQ, with a total turnover of RMB191.06 billion and NEEQ-listed companies completed 2,565 issuances, raising RMB121.62 billion.

Tel: 010-63889512
Fax: 010-63889634
Email: info@neeq.org.cn
Website: www.neeq.com.cn
Address: Jinyang Building, No. 26 Jinrong Street, Xicheng District, Beijing 100033

Securities Association of China

Pursuant to the Securities Law and the Regulations for the Administration of Registration of Associations, the Securities Association of China (SAC), a non-profit association, was founded on August 28, 1991 as a self-regulatory organization for the securities industry subject to the guidance and supervision of the CSRC and the Ministry of Civil Affairs of China.

The main duties of the SAC include: conducting self-regulation over the securities industry; bridging the government and the securities industry; providing services to and protecting the lawful interests of its members; maintaining fair competition in the securities industry, promoting transparency, equitableness and justice of the securities market, to facilitate the orderly and steady development of China's securities markets.

As of the end of 2015, the SAC had 1,052 members, including 125 legal members (securities firms), 832 general members (fund management firm, futures firms and trust companies, etc.), and 95 special members (local securities associations, etc.).

Tel: 010-66575800
Fax: 010-66575827
Email: bgs@sac.net.cn
Website: www.sac.net.cn
Address: 2/F, Building B, Focus Plaza, No. 19 Jinrong Street, Xicheng District, Beijing, 100033

China Futures Association

Pursuant to the Regulations for the Administration of Registration of Associations and the Regulations for the Administration of Futures Trading, the China Futures Association (CFA), a non-profit association, was established on December 29, 2000 as a national self-regulatory organization for the futures industry subject to the guidance and supervision of the CSRC, which is CFA's business oversight, and the Ministry of Civil Affairs of China, which is the supervising authority for association registration.

Under the mission of "self-regulation, service, conduction", the CFA is tasked with: conducting self- regulation over the futures industry under the centralized supervision and administration of the central government; bridging the government and the futures industry; providing services to and protecting the lawful interests of its members; and promoting transparency, equitableness and justice of the futures market, maintaining fair competition in the futures industry and protecting the interests of investors to facilitate the sound development of China's futures markets.

As of the end of 2015, the CFA had 348 members, including 278 general members, 5 special members (futures exchanges and CFMMC), and 65 associate members.

Tel: 010-88087239
Fax: 010-88087060
Email: cfa@cfachina.org
Website: www.cfachina.org
Address: 8/F, Tower C, Tongtai Building, No. 33 Jinrong Street, Xicheng District, Beijing 100140

China Association for Public Companies

Pursuant to the Securities Law and the Regulations for the Administration of Registration of Associations and other applicable provisions, the China Association for Public Companies (CAPCO), a non-profit association subject to the administration of the CSRC, was founded on February 15, 2012 as a national self-regulatory organization consisting of listed companies and other relevant institutions.

The CAPCO is committed to providing a high-end service platform for listed companies, and facilitating the improvement of the quality and corporate governance of public companies and the development of sound corporate culture, and in furtherance of the maturity and perfection of the capital markets.

As of the end of 2015, the CAPCO had 1,845 registered members, including 1,796 listed companies as general members (public companies), 17 associate members (service providers to public companies), and 32 institutional members (local associations of listed companies).

Tel: 010-63923639 (office); 010-63923678 (member service)
Fax: 010-63923788
Email: office@capco.org.cn; pr@capco.org.cn
Website: www.capco.org.cn
Address: 17-18/F, Financial Street Center (North Tower), No. 9 Jinrong Street, Xicheng District, Beijing 100033

Asset Management Association of China

Pursuant to the Fund Law and the Regulations for the Administration of Registration of Associations, the Asset Management Association of China (AMAC) was established on June 6, 2012 as a national non-profit self-regulated organization, subject to the guidance and supervision of the CSRC and the Ministry of Civil Affairs.

The duties of the AMAC include: protecting the legitimate interests of members according to laws and reporting suggestions and requests from the members; formulating and implementing self-regulatory rules and code of conduct, overseeing and inspecting the business conducts of the members and their practitioners; organizing investor education, compiling and publishing industry data and information, conducting industry research, social networking for members and international cooperation; mediating fund-related disputes for members; and organizing registration of private fund managers and filing of private fund products.

As of the end of 2015, the AMAC had 2,105 members, including 528 general members, 150 associate members, 1,333 observing members, and 94 special members.

Tel: 010-66578250
Fax: 010-66578256
Email: amac@amac.org.cn
Website: www.amac.org.cn
Address: 9/F, Block B, BoCom Building, No. 26 Jinrong Street, Xicheng District, Beijing 100033

China Institute of Financial and Capital Markets

Established in June 2012, the China Institute of Financial and Capital Markets (CIFCM), formerly known as the Beijing Institute of Securities and Futures, is a professional research institution under the direct administration by the CSRC. CIFCM supports decision making, and acts as a strategic think tank, and academic center, researching long term, far-sighted, and holistic issues in the capital markets.

The responsibilities of CIFCM include: the research of macro-economic and financial market development; the drafting of medium and long term strategic plans for the capital markets; advice and comments on the policies, rules and regulations of the capital markets; analysis of quality, efficiency and potential risks in the markets; reports on the theories and practice on the operation, development and regulation of the capital markets; consulting of major issues and tasks for departments of the CSRC; coordinating researches of all institutions within the CSRC system; managing the routine operation of the post-doctoral station of the CSRC.

Tel: 010-85578312
Fax: 010-56088548
Email: contact@cifcm.com
Website: www.cifcm.com
Address: 8/F, Jinyang Building, No. 26 Jinrong Street, Xicheng District, Beijing 100033

China Securities Information Technology Services Corporation Limited

Founded on 8 November 2013, China Securities Information Technology Services Corporation Limited (CSITS) is the only institution specializing in information technology under the direct administration of the CSRC.

CSITS functions to construct public information infrastructure and to provide not-for-profit information and technological services to the capital markets, engaging in business includes: electronic information disclosure services; Securities Futures Information Platform operation management construction and operation maintenance of regulatory information system; information security service; industry coding and standard services; industry technological research and sharing; industry data center management, etc.

Tel: 010-83141900
Fax: 010-83141991
Email: zbs@csits.org.cn
Address: 3/F, Jinyi Building, No. 4 Jinrong Street, Xicheng District, Beijing 100033

China Securities Investor Services Corporation Limited

China Securities Investor Services Corporation Limited (CSISC) was founded in December 2014, under the direct administration of the CSRC.

The responsibilities of CSISC include: not-for-profit publicity and education for individual investors; providing legal, information and technological services for individual investors to claim compensation; not-for-profit holding of securities, to claim compensation as shareholders; providing mediation and settlement services as entrusted by individual investors; file complaints and appeals to governments and regulators on behalf of individual investors; other businesses approved by the CSRC.

Tel: 021-50496289
Fax: 021-50496325
Email: zxtzzfwzxbgs@csrc.gov.cn
Address: Building B, No. 555 Yingchun Street, Pudong New District, Shanghai 200135

Tables

Table 1 Key Statistics of China's Securities and Futures Markets (2008~2015)

Metrics	2008	2009	2010	2011	2012	2013	2014	2015
No. of companies listed in China (A-shares and B-shares)	1,625	1,718	2,063	2,342	2,494	2 489	2,613	2,827
No. of foreign invested companies listed in China (B-shares)	109	108	108	108	107	106	104	101
No. of overseas listed companies	153	159	165	171	179	185	205	229
Total outstanding shares (100 mn shares)	24,522.85	26,162.85	33,184.35	36,095.52	38,395.00	40,569.08	43,610.13	49,997.26
Including: free float (100 mn shares)	12,578.91	19,759.53	25,642.03	28,850.26	31,339.60	36,744.16	39,104.28	44,026.44
Total Mkt. cap. (RMB100 mn)	121,366.44	243,939.12	265,422.59	214,758.10	230,357.62	239,077.19	372,546.96	531,463
Including: free float Mkt. Cap. (RMB100 mn)	45,213.9	151,258.65	193,110.41	164,921.30	181,658.26	199,579.54	315,624.31	417,881
Turnover of stock market (RMB100 mn)	267,112.64	535,986.74	545,633.54	421,649.73	314,667.41	468,728.60	743,912.98	2,550,538.27
Shanghai Composite Index (closing)	1,820.81	3,277.14	2,808.08	2,199.42	2,269.13	2,115.98	3,234.68	3,539.18
Shenzhen Composite Index (closing)	553.3	1,201.34	1,290.87	866.65	881.17	1,057.67	1,415.19	2,308.91
No. of securities accounts (10,000)	10,449.69	12,037.69	13,391.04	14,050.37	14,045.91	13,247.15	14,214.68	21,477.57
Turnover of the exchange-traded bond market (RMB100 mn)	28,884.94	40,635.06	76,011.5	216,349.51	403,426.49	678,404.56	935,256.04	1,316,368.63
No. of securities investment funds	439	557	704	914	1,173	1,552	1,897	2,723
Size of securities investment funds (100 mn units)	25,741.25	24,535.89	25,200.75	26,510.37	31,708.41	31,180.69	42,011.99	76,674.13
Turnover for securities investment funds (RMB100 mn)	5,831.06	10,249.58	8,996.43	6,365.80	8,667.36	12,562.04	19,904.62	76,859.66
Total futures trading volume (10,000)	136,396	215,743	313,368.83	105,413.75	145,052.57	206,182.31	250,585.57	357,802.24
Turnover of the futures market (RMB100 mn)	719,173.35	1,305,107.20	3,080,592.41	1,375,162.44	1,711,269.36	2,674,762.01	2,919,882.25	5,542,346.94

Table 2 List of Securities Firms

No.	Name	Rating	Foreign Investment		Branches in Hong Kong SAR
			Foreign Shareholders	Shareholding Ratio	
1	Essence Securities Co., Ltd. H	A			Yes
2	Beijing Gao Hua Securities Co., Ltd.	AA			No
3	Bohai Securities Co., Ltd.	A			No
4	Caida Securities Co., Ltd.	A			No
5	Fortune Securities Co., Ltd.	A			No
6	Caitong Securities Co., Ltd.	A			Yes
7	Caitong Asset Management Co., Ltd.	A			No
8	Great Wall Glory Securities Co., Ltd.	BBB			No
9	China Great Wall Securities Co., Ltd.	BBB			No
10	Changjiang Securities Asset Management (Shanghai) Co., Ltd.	AA			No
11	Changjiang Financing Services Co., Ltd.	AA			No
12	Changjiang Securities Co., Ltd.	AA			Yes
13	N-Securites Co., Ltd.	BBB			No
14	China Chuancai Securities Co., Ltd.	A			No
15	DATON Securities Co., Ltd.	AA			No
16	Datong Securities Brokerage Co., Ltd.	A			No
17	Tebon Securities Co., Ltd.	A			No
18	J.P. Morgan First Capital Securities Co., Ltd.	BBB	J.P.Morgan Broking (Hong Kong) Limited	33.30%	No
19	First capital Securities Co., Ltd.	BBB			No
20	Northeast Securities Co., Ltd.	A			No
21	Citi Orient Securities Co., Ltd.	AA	Citigroup Global Markets Asia Limited	33.30%	No
22	Orient Securities Co., Ltd.	AA			Yes
23	Donghai Securities Co., Ltd.	A			Yes
24	Dongguan Securities Co., Ltd.	AA			No
25	Soochow Securities Co., Ltd.	A			Yes
26	Dongxing Securities Co., Ltd.	AA			Yes
27	Founder Securities Co., Ltd.	A			Yes
28	Goldman Sachs Gao Hua Securities Co., Ltd.	AA	Goldman Sachs Asia Limited	33.30%	No
29	Everbright Securities Co., Ltd.	A	China Everbright Ltd.	29.16%	Yes
30	GF Securities Co., Ltd.	AA			Yes
31	GF Asset Management (Guangdong) Co., Ltd.	AA			No
32	Guangzhou Securities Co., Ltd.	A			No
33	Guodu Securities Co., Ltd.	A			Yes

Continued

No.	Name	Rating	Foreign Investment		Branches in Hong Kong SAR
			Foreign Shareholders	Shareholding Ratio	
34	SEALAND Securities Co., Ltd.	A			No
35	Sinolink Securities Co., Ltd.	AA			Yes
36	China Development Bank Securities Co., Ltd.	AA			No
37	Guolian Securities Co., Ltd.	A			No
38	Golden Sun Securities Co., Ltd.	A			No
39	Guotai Jun'an Securities Co., Ltd.	AA			Yes
40	Guosen Securities Co., Ltd.	AA			Yes
41	Guoyuan Securities Co., Ltd.	AA			Yes
42	HaiJi Securities Co., Ltd.	AA			No
43	Haitong Securities Co., Ltd.	AA			Yes
44	Hengtaichangcai Securities Co., Ltd.	A			No
45	Hengtai Securities Co., Ltd.	A			No
46	Hongta Securities Co., Ltd.	A			No
47	Hongxin Securities Co., Ltd.	A			No
48	Huaan Securities Co., Ltd.	A			No
49	Hwabao Securities Co., Ltd.	BB			No
50	Huachuang Securities Co., Ltd.	BBB			No
51	Huafu Securities Co., Ltd.	A			No
52	Huajin Securities Co., Ltd.	BBB			No
53	Chinalion Securities Co., Ltd.	A			No
54	China Dragon Securities Co., Ltd.	A			No
55	Huarong Securities Co., Ltd.	AA			No
56	Huatai United Securities Co., Ltd.	AA			No
57	Huatai Securities Asset Management (Shanghai) Co., Ltd.	AA			No
58	Huatai Securities Co., Ltd.	AA			Yes
59	Huaxi Securities Co., Ltd.	A			No
60	China Fortune Securities Co., Ltd.	A			No
61	Hua Ying Securities Co., Ltd.	A	The Royal Bank of Scotland plc	33.30%	No
62	Jianghai Securities Co., Ltd.	BBB			No
63	CITIC-Kington Securities Co., Ltd.	AA			No
64	Goldstate Securities Co., Ltd.	A			No
65	Jiuzhou Securities Co., Ltd.	BB			No
66	Kaiyuan Securities Co., Ltd.	BBB			No
67	Lianxun Securities Co., Ltd.	BB			No
68	Mingsheng Securities Co., Ltd.	BB			No
69	Morgan Stanley Huaxin Securities Co., Ltd.	A	Morgan Stanley Asia Limited	33.30%	No
70	Nanjing Securities Co., Ltd.	BBB			No

Continued

No.	Name	Rating	Foreign Investment		Branches in Hong Kong SAR
			Foreign Shareholders	Shareholding Ratio	
71	Ping An Securities Co., Ltd. (PASC)	B			Yes
72	Qilu Securities Asset Management (Shanghai) Co., Ltd.	AA			No
73	Zhongtai Securities Co., Ltd.	AA			No
74	Rising Securities Co., Ltd.	3BB			No
75	Credit Suisse Founder Securities Limited	A	Credit Suisse AG	33.30%	No
76	UBS Securities Co., Ltd.	A	UBS AG	24.99%	No
77	Shanxi Securities Co., Ltd.	A			No
78	Orient Securities Asset Management Co., Ltd.	AA			No
79	Everbright Securities Asset Management Co., Ltd.	A			No
80	Shanghai Guotai Jun'an Security Asset Management Co., Ltd.	AA			No
81	Shanghai Haitong Securities Asset Management Co., Ltd.	AA			No
82	CEFC Shanghai Securities Co., Ltd.	BB			No
83	Shanghai Securities Co., Ltd.	AA			No
84	Shenwan Hongyuan Western Securities Co., Ltd.	AA			No
85	Shenwan Hongyuan Financing Services Co., Ltd.	AA			No
86	Shenwan Hongyuan Securities Co., Ltd.	AA			No
87	Century Securities Co., Ltd.	BBB			No
88	Capital Securities Co., Ltd.	BBB			No
89	Pacific Securities Co., Ltd.	A			No
90	Tianfeng Securities Co., Ltd.	BBB			Yes
91	Wanhe Securities Brokerage Co., Ltd.	BBB			No
92	Wanlian Securities Co., Ltd.	A			No
93	Minmetals Securities Co., Ltd.	BB			No
94	Western Securities Co., Ltd. S	A			No
95	Tong Xin Securities Corp.	BBB			No
96	Southwest Securities Co., Ltd.	AA			Yes
97	Xiangcai Securities Co., Ltd.	A			No
98	New Times Securities Co., Ltd.	BBB			No
99	Cinda Securities. Co., Ltd.	AA			No
100	Industrial Securities Co., Ltd.	AA			Yes
101	Xingzheng Securities Asset Management Co., Ltd.	AA			No
102	China Galaxy Jinhui Asset Management Co., Ltd.	AA			No
103	Yintai Securities Co., Ltd.	BB			No
104	Yingda Securities Co., Ltd.	A			No
105	China Merchants Securities Co., Ltd.	AA			Yes
106	CMS Asset Management (HK) Co., Limited	AA			No
107	Zhejiang Zheshang Securities Asset Management Co., Ltd.	A			No
108	Zheshang Securities Co., Ltd.	A			No

Continued

No.	Name	Rating	Foreign Investment		Branches in Hong Kong SAR
			Foreign Shareholders	Shareholding Ratio	
109	Zhong De Securities Co., Ltd.	A	Deutsche Bank AG	33.30%	No
110	China International Capital Corporation Ltd.	AA	public shareholders Singapore Government Investment Corporation TPG Asia V Delaware, L.P. KKR Institutions Investments L.P Mingly Corporation The Great Eastern Life Assurance Co., Ltd.	65.90%	No
111	China Minzu Securities Co., Ltd.	CCC			No
112	China Galaxy Securities Co., Ltd.	AA			Yes
113	China Investment Securities Co., Ltd.	AA			Yes
114	AVIC Securities Co., Ltd.	BBB			No
115	Zhongshan Securities Co., Ltd.	BBB			No
116	Zhongtian Securities Co., Ltd.	BBB			No
117	China Securities Co., Ltd.	AA			Yes
118	CITIC Securities (Shandong) Co., Ltd.	AA			Yes
119	CITIC Securities Co., Ltd.	AA			No
120	BOC International (China) Ltd.	AA	BOC International Holdings	37.14%	No
121	China Post Securities Co., Ltd.	BBB			No
122	Central China Securities Co., Ltd.	A			Yes
123	Zhongcheng Securities Brokerage Co., Ltd.	BBB			No
124	Golden Sun Securities Asset Management Co., Ltd.	A			No

Table 3 List of Fund Management Companies

No.	Name	Foreign Investment		branches in Hong Kong SAR
		Foreign Shareholders	Shareholding ratio	
1	Guotai Asset Management Co., Ltd.	Assicurazioni Generali S.p.A	30	Yes
2	China Southern Fund Management Co., Ltd.			Yes
3	China Asset Management Co., Ltd.	Power Corporation of Canada	10	Yes
4	Hua An Asset Management Co., Ltd.			Yes
5	Bosera Asset Management Co., Ltd.			Yes
6	Penghua Fund Management Co., Ltd.	Eurizon Capital SGR S.p.A	49	No
7	Changsheng Fund Management Co., Ltd.	Development Bank of Singapore	33	Yes
8	Harvest Fund Management Co., Ltd.	Deutsche Assets Management	30	Yes

Continued

No.	Name	Foreign Investment		branches in Hong Kong SAR
		Foreign Shareholders	Shareholding ratio	
9	Dacheng Fund Management Co., Ltd.			Yes
10	Fullgoal Fund Management Co., Ltd.	Bank of Montreal	27.78	Yes
11	E Fund Management Co., Ltd.			Yes
12	Baoying Fund Management Co., Ltd.			No
13	RongTong Fund Management Co., Ltd.	Nikko Asset Management Co., Ltd.	40	Yes
14	Yinhua fund management Co., Ltd.			Yes
15	Great Wall Fund Management Co., Ltd.			No
16	Galaxy Asset Management Co., Ltd.			No
17	Manulife TEDA Fund Management Co., Ltd.	Manulife Asset Management Hong Kong	49	No
18	UBS SDIC Fund Management Co., Ltd.	UBS AG	49	Yes
19	Wanjia Asset Management Co., Ltd.			No
20	Golden Eagle Fund Management Co., Ltd.	BEA Union Investment Management Limited	11	No
21	China Merchants Fund Management Co., Ltd.			Yes
22	Fortune SG Fund Management Co., Ltd.	Lyxor Asset Management	49	Yes
23	Morgan Stanley Huaxin Fund Management Co., Ltd.	Morgan Stanley International Holdings Inc.	37.36	No
24	Guotai Junan Allianz Fund Management Co., Ltd.	Allianz Group	49	No
25	HFT Investment Management Co., Ltd.	BNPP IP BE Holding	49	Yes
26	Chang Xin Asset Management Co., Ltd.			No
27	First-Trust Fund Management Co., Ltd.			No
28	China Nature Asset Management Co., Ltd.			No
29	Invesco Great Wall Fund Management Co., Ltd.	Invesco Asset Management	49	No
30	Gf Fund Management Co., Ltd.			Yes
31	AEGON-INDUSTRIAL Fund Management Co., Ltd.	AEGON International N.V.	49	No
32	Lion Fund Management Co., Ltd.			Yes
33	SWS MU Fund Management Co., Ltd.	Mitsubishi UFJ Trust and Banking corporation	33	No
34	Zhong Hai Fund Management Co., Ltd.	La Rothschild Banque	25	No
35	Everbright Pramerical Fund Management Co., Ltd.	Pramerical Investment Management	45	No
36	Harfor Fund Management Co., Ltd.			No
37	China International Fund Management Co., Ltd.	J.P. Morgan Fleming Asset Management (U.K) ltd	49	Yes
38	Orient Fund Management Co., Ltd.			No

Continued

No.	Name	Foreign Investment		branches in Hong Kong SAR
		Foreign Shareholders	Shareholding ratio	
39	Bank of China Investment Management Co., Ltd.	Blackrock Investment Management UK ltd	16.5	No
40	Soochow Asset Management Co., Ltd.			No
41	Franklin Templeton Sealand Fund Management Co.,Ltd	Templeton International Inc.	49	No
42	Tian Hong Asset Management Co., Ltd.			No
43	Huatai-PineBridge Fund Management Co., Ltd.	PineBridge Investment LLC	49	No
44	New China Fund Management Co., Ltd.			No
45	China Universal Asset Management Co., Ltd.			Yes
46	ICBC Credit Suisse Asset Management Co., Ltd.	Credit Suisse AG	20	Yes
47	Bank of Communications Schroders Fund Management Co., Ltd	Schroder Investment Management Limited	30	Yes
48	CITIC-Prudential Fund Management Co., Ltd.	Prudential Group	49	No
49	CCB Principal Asset Management Co., Ltd.	Principal Financial Services, Inc	25	No
50	Huashang Fund Management Co., Ltd.			No
51	HSBC Jintrust Fund Management Co., Ltd.	HSBC Investments UK Limited	49	No
52	YIMIN Asset Management Co., Ltd.			No
53	China Post & Capital Fund Management Co., Ltd.	Sumitomo Mitsui Banking Corporation	24	Yes
54	First State Cinda Fund Management Co., Ltd.	Colonial First State Group Ltd.	46	No
55	Lord Abbett China Asset Management Co., Ltd.	Lord Abbett & Co. LLC	49	No
56	Zhong Ou Asset Management Co., Ltd.	Unione di Banche Italiane S.c.p.a	35	No
57	Value Partners Goldstate Fund Management Co., Ltd.	Value Partners Hong Kong Limited	49	No
58	AXA SPDB Investment Managers CO., Ltd.	AXA Investment Managers	39	No
59	Abc-Ca Fund Management Co., Ltd.	Crédit Agricole Asset Management	33.33	No
60	Minsheng Royal Fund Management Co., Ltd.	Royal Bank of Canada	30	No
61	Western leadbank Fund Management Co., Ltd.			No
62	ZheShang Fund Management Co., Ltd.			No
63	Pingan-Uob Fund Management Co., Ltd.	UOB Asset Management Ltd	25	No
64	Fuanda Fund Management Co., Ltd.			No
65	Cai Tong Fund Management Co., Ltd.			No
66	Founder Fubon Fund Management Co., Ltd.	Fubon Securities Investment Trust Co., Ltd.	33.33	No

Continued

No.	Name	Foreign Investment		branches in Hong Kong SAR
		Foreign Shareholders	Shareholding ratio	
67	ChangAn Fund Management Co., Ltd.			No
68	Gfund Management Co., Ltd.			No
69	Essence Fund Management Co., Ltd.			No
70	Tebon Fund Management Co., Ltd.			No
71	Mirae Asset Huachen Fund Management Co., Ltd.	Mirae Asset Investment Management Co., Ltd	25	No
72	Hongta Hotland Fund Management Co., Ltd.			No
73	Yinda Asset Management Co., Ltd.			No
74	Jiangxin Fund Management Co., Ltd.			No
75	Ashmore-CCSC Fund Management Co., Ltd.	Ashmore Investment Management Limited	49	No
76	CR Yuanta Fund Management Co., Ltd.	Yuanta Securities Investment Trust Co., Ltd.	49	No
77	Qianhai Kaiyuan Fund Management Co., Ltd.			No
78	Donghai Fund Management Co., Ltd.			No
79	Bank of Beijing Scotiabank Asset Management Co., Ltd	The Bank of Nova Scotia	33	No
80	CIB Fund Management Co., Ltd.			No
81	Zhong Rong Fund Management Co., Ltd.			No
82	CDBS Cathay Asset Management Co., Ltd.	Cathay Securities Investment Trust Co., Ltd.	33.3	No
83	China Fund Management Co., Ltd.			No
84	Bosc Asset Management Co., Ltd.			No
85	XinYuan Asset Management Co., Ltd.			No
86	Maxwealth Fund Management Co., Ltd.	Lion Global Investors Limited	10	No
87	HuaFu Fund Management Co., Ltd			No
88	China Life AMP Asset Management Co., Ltd.	AMP Capital Investors Limited	14.97	No
89	Golden Trust SinoPac Fund Management Co., Ltd.	SinoPac Securities Investment Trust Co., Ltd.	49	No
90	CICC Fund Management Co., Ltd.			No
91	BeiXin RuiFeng Fund Management Co., Ltd.			No
92	Hotland Asset Management Co., Ltd.			No
93	JiaHe Asset Management Co., Ltd.			No
94	TruValue Asset Management Co., Ltd.			No
95	JT Asset Management Co., Ltd.			No
96	Hongde Fund Management Co., Ltd			No
97	JX Asset managemetn			No
98	qianhai alliance asset management Co., Ltd			No
99	Sinvo Fund Management Co., Ltd.			No
100	CS Richland Funds Co., Ltd.			No
101	Furong Fund Management Co., Ltd.			No

Table 4 List of Futures Firms

No.	Name	Rating	Foreign Investment		Branches in Hong Kong SAR
			Foreign Shareholders	Shareholding Ratio	
1	AHCOF Futures Co., Ltd.	BBB			No
2	Essence Futures Co., Ltd.	A			No
3	Baocheng Futures Co., Ltd.	BBB			No
4	Capital Futures Co., Ltd.	A			No
5	BRILLIANT Co., Ltd.	A			No
6	Bohai Futures Co., Ltd.	BB			No
7	Caida Futures Co., Ltd.	B			No
8	CICC Futures Co., Ltd.	BB			No
9	Changan Futures Co., Ltd.	B			No
10	Changjiang Futures Co. Ltd.	AA			No
11	Chuang Yuan Futures Co. Ltd.	B			No
12	Dadi Futures Co., Ltd.	A			No
13	Dalian Fortune Futures Co., Ltd.	BB			No
14	Datong Futures Brokerage Co., Ltd.	B			No
15	Dayou Futures Co., Ltd.	B			No
16	Dayue Futures Co., Ltd.	BB			No
17	DOTO Futures Co., Ltd.	BBB			No
18	Triumph Futures Co., Ltd.	CCC			No
19	First Capital Co., Ltd.	B			No
20	Oriental Huijin Futures Co., Ltd.	CC			No
21	Donghai Futures Co., Ltd.	A			No
22	CES Futures Co., Ltd.	CCC			No
23	Soochow Futures Co. Ltd.	BBB			No
24	Dongxing Futures Co. Ltd.	BBB			No
25	Founder CIFCO Futures Co., Ltd.	AA			No
26	Gelin Dahua Futures Co., Ltd.	A			Yes
27	Guan Tong Futures Brokerage Co., Ltd.	BBB			No
28	Everbright Futures Co., Ltd.	AA			No
29	GF Futures Co., Ltd.	AA			Yes
30	Guang Yong Futures Co., Ltd.	CCC			No
31	Guangzhou Futures Co., Ltd.	BBB			No
32	Guodo Futures Co., Ltd.	CCC			No
33	Guofu Futures Co., Ltd.	B			No
34	Guohai Liangshi Futures Co., Ltd.	A			No
35	Sinolink Futures Co., Ltd.	CCC			No
36	Guolian Futures Co., Ltd.	A			No
37	ITG Futures Co., Ltd.	BBB			No
38	Guotai Jun'an Futures Co., Ltd.	AA			No
39	SDIC CGOG Futures Co., Ltd.	A			No

Continued

No.	Name	Rating	Foreign Investment		Branches in Hong Kong SAR
			Foreign Shareholders	Shareholding Ratio	
40	Guosen Futures Co., Ltd.	AA			No
41	Guoyuan Futures Co., Ltd.	BBB			No
42	Hna Futures Co., Ltd.	BBB			No
43	Haitong Futures Co., Ltd.	AA			No
44	Hicend Futures Co., Ltd.	B			No
45	Hehe Futures Brokerage Co., Ltd.	BB			No
46	Herong Futures Brokerage Co., Ltd.	B			No
47	Heyin Futures Co., Ltd.	CC			No
48	Heilongjiang Shidai Futures Co., Ltd.	B			No
49	Hengtai Futures Co., Ltd.	BB			No
50	Holly Futures Co., Ltd.	A			No
51	Hongta Futures Co., Ltd.	CCC			No
52	Hongyuan Futures Co., Ltd.	A			No
53	Hua'an Futures Co., Ltd.	BBB			No
54	Huachuang Futures Co., Ltd.	BB			No
55	Huahai Futures Co., Ltd.	B			No
56	Dongguan Hualian Futures Co., Ltd.	CCC			No
57	Hualong Futures Ltd.	BB			No
58	Huarong Futures Co. Ltd.	BB			No
59	Huatai Futures Co., Ltd.	AA			No
60	Huawen Futures Co., Ltd.	BB			No
61	Huaxi Futures Co., Ltd.	BBB			No
62	China Fortune Futures Co., Ltd.	BB			No
63	Huishang Futures Co., Ltd.	BBB			No
64	Chaos Ternary Futures Co., Ltd.	BBB			No
65	Succeess Futures Co., Ltd.	B			No
66	CCB Futures Co., Ltd.	BBB			No
67	Jianghaihuixin Futures Co., Ltd.	B			No
68	Donghua Futures Co., Ltd.	BB			No
69	Jiangxi Ruiqi Futures Co., Ltd.	BB			No
70	Jitic Golden Sun Futures Co., Ltd.	BB			No
71	Jingu Futures Co., Ltd.	BBB			No
72	Jinpeng International Futures Co., Ltd.	BB			No
73	Jinrui Futures Co., Ltd.	A			Yes
74	Jinshi Futures Co., Ltd.	BB			No
75	Goldtrust Futures Co., Ltd.	B			No
76	Funeng Futures Co., Ltd.	CCC			No
77	Goldstate Futures Co., Ltd.	BB			No
78	Jintou Futures Co., Ltd.	B			No
79	Jintai Futures Co., Ltd.	BBB			No
80	Luzheng Futures Co., Ltd.	AA			No

Continued

No.	Name	Rating	Foreign Investment		Branches in Hong Kong SAR
			Foreign Shareholders	Shareholding Ratio	
81	Maike Futures Co., Ltd.	A			No
82	MAILYARD Futures Co., Ltd.	BBB			No
83	Minsheng Futures Co., Ltd.	CCC			No
84	J.P. Morgan Co., Ltd.	BB	J.P. Morgan Broking Hong Kong Limited	49%	No
85	Nanhua Futures Co., Ltd.	AA			Yes
86	Nanzheng Futures Co., Ltd.	CCC			No
87	Ping'an Futures Co., Ltd.	BBB			No
88	QK Futures Co., Ltd.	BBB			No
89	Ruida Futures Co., Ltd.	A			No
90	UBS Futures Co., Ltd.	BB			No
91	Shandong Gold Futures Co., Ltd.	B			No
92	Sanli Futures Co., Ltd.	C			No
93	Shanghai Dalu Futures Co., Ltd.	BBB			No
94	Shanghai Dongfang Futures Brokerage Co., Ltd.	CCC			No
95	Shanghai East Asia Futures Co., Ltd.	BBB			No
96	Orient Futures Co., Ltd.	A			No
97	Tonghui Futures Co., Ltd.	BB			No
98	Shanghai Zheshi Futures Co., Ltd.	BBB			No
99	Zhongcai Futures Co., Ltd.	BB			No
100	Shanghai CIFCO Futures Co., Ltd.	A			No
101	Shenyin & Wanguo Futures Co., Ltd.	AA			No
102	Nonfemet Commodities & Futures Agent Co., Ltd.	BB			No
103	Luckyloong Futures Co., Ltd.	B			No
104	Miracle China Futures Co., Ltd.	BB			No
105	Shengxin Futures Co., Ltd.	B			No
106	Shengda Futures Co., Ltd.	CC			No
107	Capital Jingdu Futures Co., Ltd.	B			No
108	TF Futures Co., Ltd.	BBB			No
109	Tianfu Futures Co., Ltd.	CC			No
110	Tianhong Futures Co., Ltd.	B			No
111	Tongxin Jiuheng Futures Co., Ltd.	BB			No
112	Tongguan Jinyuan Futures Co., Ltd.	BBB			No
113	Wanda Futures Co., Ltd.	AA			No
114	Wenfeng Futures Co., Ltd.	BB			No
115	Minmetal Futures Co., Ltd.	AA			No
116	Western Futures Co., Ltd.	CCC			No
117	Xinan Futures Co., Ltd.	BBB			No
118	Xinhu Futures Co., Ltd.	A			No
119	New Era Futures Co., Ltd.	BBB			No

Continued

No.	Name	Rating	Foreign Investment		Branches in Hong Kong SAR
			Foreign Shareholders	Shareholding Ratio	
120	Xinjiang Tianli Futures Co., Ltd.	CCC			No
121	Xinsheng Futures Co., Ltd.	B			No
122	Xindingsheng Futures Co., Ltd.	B			No
123	Cinda Futures Co., Ltd.	BBB			No
124	China Industrial Futures Ltd.	BB			No
125	Industrial Futures Co., Ltd.	A			No
126	First Futures Co., Ltd.	A			No
127	Galaxy Futures Co., Ltd.	AA	RBS Asia Futures Limited	16.68%	No
128	Yinjian Futures Co., Ltd.	B			No
129	Yingda Futures Co., Ltd.	BBB			No
130	Yong'an Futures Co., Ltd.	AA			Yes
131	Yunchen Futures Co., Ltd.	BB			No
132	Zhao Jin Futures Co., Ltd.	BBB			No
133	China Merchants Futures	AA			No
134	Zhejiang New Century Futures Co., Ltd.	BBB			No
135	Zheshang Futures Co., Ltd.	AA			No
136	Zhongda Futures Co., Ltd.	A			No
137	Xianrong Futures Co., Ltd.	B			No
138	Sinosteel Futures Co., Ltd.	A			No
139	China International Co., Ltd.	AA			Yes
140	China Aviation Futures., Ltd.	BB			No
141	Zhonghui Futures Co., Ltd.	BBB			No
142	COFCO Futures Co., Ltd.	AA			No
143	Zhong Rong Hui Xin Futures Co., Ltd.	BBB			No
144	Tianqi Futures Co., Ltd.	A			No
145	China Futures Co., Ltd.	A			No
146	CITIC Futures Co., Ltd.	AA			No
147	China-Derivatives Futures Co., Ltd.	BBB			No
148	BOC International Futures Co., Ltd.	BBB			No
149	Central China Futures Co., Ltd.	BB			No
150	Zhongzhou Futures Co., Ltd.	BB			No

Table 5 List of QFIIs

No.	Name	Approval Date	Place of Registration
1	UBS AG	2003/5/23	Switzerland
2	Nomura Securities Co., Ltd.	2003/5/23	Japan
3	Morgan Stanley & Co. International PLC.	2003/6/5	United Kingdom
4	Citigroup Global Markets Limited	2003/6/5	United Kingdom

Continued

No.	Name	Approval Date	Place of Registration
5	Goldman, Sachs & Co.	2003/7/4	United States
6	Deutsche Bank Aktiengesellschaft	2003/7/30	Germany
7	The Hongkong and Shanghai Banking Corporation Limited	2003/8/4	Hong Kong SAR
8	ING Bank N.V.	2003/9/10	Netherlands
9	JPMorgan Chase Bank, National Association	2003/9/30	United States
10	Credit Suisse (Hong Kong) Limited	2003/10/24	Hong Kong SAR
11	Standard Chartered Bank (Hong Kong) Limited	2003/12/11	Hong Kong SAR
12	Nikko Asset Management Co., Ltd.	2003/12/11	Japan
13	Merrill Lynch International	2004/4/30	United Kingdom
14	Hang Seng Bank Limited	2004/5/10	Hong Kong SAR
15	Daiwa Securities Capital Markets Co., Ltd.	2004/5/10	Japan
16	Bill & Melinda Gates Foundation Trust	2004/7/19	United States
17	INVESCO Asset Management Limited	2004/8/4	United Kingdom
18	The Royal Bank of Scotland N.V.	2004/9/2	Netherlands
19	Société Générale	2004/9/2	France
20	Barclays Bank PLC	2004/9/15	United Kingdom
21	Commerzbank AG	2004/9/27	Germany
22	BNP Paribas	2004/9/29	France
23	Power Corporation of Canada	2004/10/15	Canada
24	Credit Agrigole Corporate and Investment Bank	2004/10/15	France
25	Goldman Sachs Asset Management International	2005/5/9	United Kingdom
26	Martin Currie Investment Management Ltd	2005/10/25	United Kingdom
27	GIC Private Limited	2005/10/25	Singapore
28	PineBridge Investment LLC	2005/11/14	United States
29	Temasek Fullerton Alpha Pte Ltd	2005/11/15	Singapore
30	JF Asset Management Limited	2005/12/28	Hong Kong SAR
31	The Dai-ichi Life Insurance Company, Limited	2005/12/28	Japan
32	DBS Bank Ltd	2006/2/13	Singapore
33	AMP Capital Investors Limited	2006/4/10	Australia
34	The Bank of Nova Scotia	2006/4/10	Canada
35	KBC Financial Products UK Limited	2006/4/10	United Kingdom
36	La Compagnie Financierr Edmond de Rothschild Banque	2006/4/10	France
37	Yale University	2006/4/14	United States
38	Morgan Stanley Investment Management Inc.	2006/7/7	United States
39	Eastspring Investment (Hong Kong) Limited	2006/7/7	Hong Kong SAR
40	Stanford University	2006/8/5	United States

Continued

No.	Name	Approval Date	Place of Registration
41	GE Asset Management Incorporated	2006/8/5	United States
42	United Overseas Bank Limited	2006/8/5	Singapore
43	Schroder Investment Management Limited	2006/8/29	United Kingdom
44	HSBC Global Asset Management (Hong Kong) Limited	2006/9/5	Hong Kong SAR
45	Mizuho Securities Co., Ltd.	2006/9/5	Japan
46	UBS Global Asset Management (Singapore) Ltd	2006/9/25	Singapore
47	Sumitomo Mitsui Asset Management Company, Limited	2006/9/25	Japan
48	Norges Bank	2006/10/24	Norway
49	Pictet Asset Management Limited	2006/10/25	United Kingdom
50	The Trustees of Columbia University in the City of New York	2008/3/12	United States
51	Robeco Institutional Asset Management B.V.	2008/5/5	Netherlands
52	State Street Global Advisors Asia Limited	2008/5/16	Hong Kong SAR
53	Platinum Investment Company Limited	2008/6/2	Australia
54	KBC Asset Management N.V.	2008/6/2	Belgium
55	Mirae Asset Global Investments Co., Ltd.	2008/7/25	Korea
56	ACE INA International Holdings, Ltd.	2008/8/5	United States
57	Caisse de dépôt et placement du Québec	2008/8/22	Canada
58	President and Fellows of Harvard College	2008/8/22	United States
59	Samsung Investment Trust Management Co., Ltd.	2008/8/25	Korea
60	AllianceBernstein Limited	2008/8/28	United Kingdom
61	Oversea-Chinese Banking Corporation Limited	2008/8/28	Singapore
62	First State Investment Management (UK) Limited	2008/9/11	United Kingdom
63	DAIWA Asset Management Co.	2008/9/11	Japan
64	Shell Asset Management Company B.V.	2008/9/12	Netherlands
65	T. Rowe Price Associates, Inc.	2008/9/12	United States
66	Credit Suisse AG	2008/10/14	Switzerland
67	UOB Asset Management Ltd	2008/11/28	Singapore
68	ABU Dhabi Investment Authority	2008/12/3	United Arab Emirates
69	Allianz Global Investors GmbH	2008/12/16	Luxembourg
70	Capital International, Inc.	2008/12/18	United States
71	Mitsubishi UFJ Morgan Stanley Securities Co., Ltd.	2008/12/29	Japan
72	Hanwha Investment Trust Management Co., Ltd.	2009/2/5	Korea
73	Ashmore Equities Investment Management (US) LLC	2009/2/10	United States
74	DWS Investment S.A.	2009/2/24	Luxembourg
75	The Korea Development Bank	2009/4/23	Korea
76	Woori Bank Co., Ltd	2009/5/4	Korea

Continued

No.	Name	Approval Date	Place of Registration
77	Bank Negara Malaysia	2009/5/19	Malaysia
78	Lloyd George Management (Hong Kong) Limited	2009/5/27	Hong Kong SAR
79	Templeton Investment Counsel, LLC	2009/6/5	United States
80	BEA Union Investment Management Limited	2009/6/18	Hong Kong SAR
81	The Sumitomo Trust & Banking Co., Ltd.	2009/6/26	Japan
82	Korea Investment Trust Management Co., Ltd	2009/7/21	Korea
83	Baring Asset Management Limited	2009/8/6	United Kingdom
84	Ashmore Investment Management Limited	2009/9/14	United Kingdom
85	BNY Mellon Asset Management International Limited	2009/11/6	United Kingdom
86	Manulife Asset Management (Hong Kong) Limited	2009/11/20	Hong Kong SAR
87	Nomura Asset Management CO., LTD	2009/11/23	Japan
88	Tongyang Asset Management Corp.	2009/12/11	Korea
89	Royal Bank of Canada	2009/12/23	Canada
90	Aviva Investors Global Services Limited	2009/12/28	United Kingdom
91	Ivy Investment Management Company	2010/2/8	United States
92	DIAM Co., Ltd.	2010/4/20	Japan
93	OFI Asset Management	2010/5/21	France
94	Aberdeen Asset Management Asia Limited	2010/7/6	Singapore
95	KB Asset Management Co., Ltd.	2010/8/9	Korea
96	Fidelity Investments Management (Hong Kong) Limited	2010/9/1	Hong Kong SAR
97	Legg Mason Investments (Europe) Limited	2010/10/8	United Kingdom
98	Hong Kong Monetary Authority	2010/10/27	Hong Kong SAR
99	Fubon Securities Investment Trust Co., Ltd.	2010/10/29	The region of Taiwan
100	Capital Securities Investment Trust Corporation	2010/10/29	The region of Taiwan
101	BMO Investments Inc.	2010/12/6	Canada
102	Bank Julius Bear & Co., Ltd.	2010/12/14	Switzerland
103	KTB Asset Management Co., Ltd.	2010/12/28	Korea
104	Lyxor Asset Management	2011/2/16	France
105	Yuanta Securities Investment Trust Co., Ltd.	2011/3/4	The region of Taiwan
106	Assicurazioni Generali S.p.A.	2011/3/18	Italy
107	Banco Bilbao Vizcaya Argentaria, S.A.	2011/5/6	Spain
108	Cathay Securities Investment Trust Co., Ltd.	2011/6/9	The region of Taiwan
109	Fuh Hwa Securities Investment Trust Co., Ltd.	2011/6/9	The region of Taiwan
110	Comgest S.A.	2011/6/24	France
111	Amundi Hong Kong Limited	2011/7/14	Hong Kong SAR
112	BlackRock Institutional Trust Company, N.A.	2011/7/14	United States

Continued

No.	Name	Approval Date	Place of Registration
113	Grantham, Mayo, Van Otterloo & Co. LLC	2011/8/9	United States
114	Monetary Authority of Singapore	2011/10/8	Singapore
115	China Life Insurance Co., Ltd. (Taiwan)	2011/10/26	The region of Taiwan
116	Shin Kong Life Insurance Co., Ltd.	2011/10/26	The region of Taiwan
117	Princeton University	2011/11/25	United States
118	Shinko Asset Management Co., Ltd.	2011/11/25	Japan
119	Canada Pension Plan Investment Board	2011/12/9	Canada
120	Van Eck Associates Corporation	2011/12/9	United States
121	Hansberger Global Investors, Inc.	2011/12/13	United States
122	EARNEST Partners LLC	2011/12/13	United States
123	Bank of Thailand	2011/12/16	Thailand
124	Kuwait Investment Authority	2011/12/21	Kuwait
125	Northern Trust Global Investments Limited	2011/12/21	United Kingdom
126	Taiwan Life Insurance Co., Ltd.	2011/12/21	The region of Taiwan
127	The Bank of Korea	2011/12/21	Korea
128	Ontario Teachers' Pension Plan Board	2011/12/22	Canada
129	Korea Investment Corporation	2011/12/28	Korea
130	Russell Investments Ireland Limited	2011/12/28	Ireland
131	Metzler Asset Management GmbH	2011/12/31	Germany
132	HI Asset Management Co., Limited.	2011/12/31	Korea
133	Shinhan BNP Paribas Asset Management Co., Ltd.	2012/1/5	Korea
134	Stichting Pensioenfonds voor Huisartsen	2012/1/5	Netherlands
135	National Pension Service	2012/1/5	Korea
136	Mercuries Life Insurance Co., Ltd.	2012/1/30	The region of Taiwan
137	Prudential Financial Securities Investment Trust Enterprise	2012/1/31	The region of Taiwan
138	Principal Global Investors LLC	2012/1/31	United States
139	Hospital Authority Provident Fund Scheme	2012/1/31	Hong Kong SAR
140	TransGlobe Life Insurance Inc.	2012/2/3	The region of Taiwan
141	Public Mutual Berhad	2012/2/3	Malaysia
142	Meiji Yasuda Asset Management Company Ltd.	2012/2/27	Japan
143	Cathay Life Insurance Co., LTD.	2012/2/28	The region of Taiwan
144	Sumitomo Mitsui Banking Corporation	2012/2/28	Japan
145	Fubon Life Insurance Co. Ltd	2012/3/1	The region of Taiwan
146	AIA Company Limited	2012/3/5	Hong Kong SAR
147	Neuberger Berman Europe Limited	2012/3/5	United Kingdom
148	KHAZANAH NASIONAL BERHAD	2012/3/7	Malaysia

Continued

No.	Name	Approval Date	Place of Registration
149	Capital Research and Management Company	2012/3/9	United States
150	Tokio Marine Asset Management Co., Ltd.	2012/3/14	Japan
151	Hana Financial Investment Co., Ltd.	2012/3/29	Korea
152	Genesis Asset Managers, LLP	2012/3/30	United States
153	City of London Investment Management Company Limited	2012/3/30	United Kingdom
154	JP Morgan Asset Management (UK) Limited	2012/3/30	United Kingdom
155	Okasan Asset Management Co., Ltd.	2012/3/30	Japan
156	Prescient Investment Management PTY LTD	2012/4/18	South Africa
157	Dongbu Asset Management Co., Ltd.	2012/4/20	Korea
158	Janus Capital Management LLC	2012/4/20	United States
159	Mizuho Asset Management Co., Ltd.	2012/4/26	Japan
160	Henderson Global Investors Limited	2012/4/28	United Kingdom
161	Eurizon Capital S.A.	2012/5/2	Luxembourg
162	BOCI-Prudential Asset Management Limited	2012/5/3	Hong Kong SAR
163	Fullerton Fund Management Company Ltd	2012/5/4	Singapore
164	Lion Global Investors Limited	2012/5/7	Singapore
165	GENERAIL Fund Management S.A.	2012/5/23	Luxembourg
166	William Blair & Company, L.L.C.	2012/5/24	United States
167	Investec Asset Management Limited	2012/5/28	United Kingdom
168	ING Investment Management Asia Pacific (Hong Kong) Limited	2012/6/4	Hong Kong SAR
169	Mitsubishi UFJ Asset Management Co., Ltd.	2012/6/4	Japan
170	BOC Group Life Assurance Company Limited	2012/7/12	Hong Kong SAR
171	Hall Capital Partners LLC	2012/8/6	United States
172	Board of Regents of The University of Texas System	2012/8/6	United States
173	Nan Shan Life Insurance Company, Ltd.	2012/8/6	The region of Taiwan
174	Suva	2012/8/13	Switzerland
175	British Columbia Investment Management Corporation	2012/8/17	Canada
176	Value Partners Hong Kong Limited	2012/8/21	Hong Kong SAR
177	Ontario Pension Board	2012/8/29	Canada
178	The Church Pension Fund	2012/8/31	United States
179	Macquarie Bank Limited	2012/9/4	Australia
180	Andra AP-fonden	2012/9/20	Sweden
181	Hai Tong Asset Management (HK) Limited	2012/9/20	Hong Kong SAR
182	IDG CAPITAL MANAGEMENT (HK) LIMITED	2012/9/20	Hong Kong SAR
183	Duke University	2012/9/24	United States
184	Qatar Holding LLC	2012/9/25	Qatar

Continued

No.	Name	Approval Date	Place of Registration
185	EFG Bank AG	2012/9/26	Switzerland
186	Cutwater Investor Services Corporation	2012/10/26	United States
187	OrbiMed Advisors LLC	2012/10/26	United States
188	New Silk Road Investment Pte. Ltd.	2012/10/26	Singapore
189	BlackRock Asset Management North Asia Limited	2012/10/26	Hong Kong SAR
190	JP Morgan Asset Management Taiwan	2012/11/5	The region of Taiwan
191	AEGON USA Investment Management, LLC	2012/11/5	United States
192	CDH Investment Advisory Private Limited	2012/11/7	Singapore
193	Skandinaviska Enskilda Banken AB (publ)	2012/11/12	Sweden
194	Harvest Global Investments Limited	2012/11/12	Hong Kong SAR
195	Greystone Managed Investments Inc.	2012/11/21	Canada
196	Uni-President Assets Management Corporation	2012/11/21	The region of Taiwan
197	Daiwa SB Investments Ltd.	2012/11/19	Japan
198	APS Asset Management Pte Ltd	2012/11/27	Singapore
199	CITIC Securities International Investment Management (HK) Limited	2012/12/11	Hong Kong SAR
200	Pacific Alliance Investment Management (HK) Limited	2012/12/11	Hong Kong SAR
201	E Fund Management (Hong Kong) Co., Limited	2012/12/11	Hong Kong SAR
202	Hillhouse Capital Management Pte. Ltd.	2012/12/11	Singapore
203	SinoPac Securities Investment Trust Co., Ltd.	2012/12/13	The region of Taiwan
204	China Asset Management (Hong Kong) Limited	2012/12/25	Hong Kong SAR
205	East Capital AB	2013/1/7	Sweden
206	First Securities Investment Trust Co., Ltd.	2013/1/24	The region of Taiwan
207	PIMCO Asia Pte Ltd	2013/1/24	Singapore
208	UBS Global Asset Management (Hong Kong) Limited	2013/1/24	Hong Kong SAR
209	CSOP Asset Management Limited	2013/1/31	Hong Kong SAR
210	EJS Investment Management S.A.	2013/1/31	Switzerland
211	Guotai Junan Assets (Asia) Limited	2013/2/21	Hong Kong SAR
212	Taikang Asset Management (HK) Company Limited	2013/2/22	Hong Kong SAR
213	CMS Asset Management (HK) Co., Limited	2013/2/22	Hong Kong SAR
214	Hyundai Securities Co., Ltd	2013/3/22	Korea
215	ICBC (Asia) Investment Management Company Limited	2013/3/25	Hong Kong SAR
216	Asia Capital Reinsurance Group Pte. Ltd.	2013/4/11	Singapore
217	AZ Fund Management S.A.	2013/4/11	Luxembourg
218	Taishin Securities Investment Trust Co., Ltd.	2013/4/27	The region of Taiwan
219	HFT Investment Management (HK) Limited	2013/5/7	Hong Kong SAR
220	HSBC Global Asset Management (Taiwan) Limited	2013/5/10	The region of Taiwan

Continued

No.	Name	Approval Date	Place of Registration
221	Taiping Assets Management (HK) Company Limited China International Capital Corporation Hong Kong Asset	2013/5/15	Hong Kong SAR
222	Management Limited	2013/5/16	Hong Kong SAR
223	China Everbright Assets Management Limited	2013/5/30	Hong Kong SAR
224	Bosera Asset Management (International) Co., Ltd.	2013/6/4	Hong Kong SAR
225	Mega International Investment Trust Co., Ltd.	2013/6/4	The region of Taiwan
226	BNP Paribas Investment Partners Asia Limited	2013/6/19	Hong Kong SAR
227	University of Notre Dame du Lac	2013/6/19	United States
228	Newport Asia LLC	2013/7/15	United States
229	HUA NAN INVESTMENT TRUST CORPORATION	2013/7/15	The region of Taiwan
230	Greenwoods Asset Management Hong Kong Limited	2013/7/15	Hong Kong SAR
231	CTBC Life Insurance Co., Ltd.	2013/8/20	The region of Taiwan
232	Keywise Capital Management (HK) Limited	2013/8/20	Hong Kong SAR
233	FUBON INSURANCE COMPANY LIMITED	2013/8/26	The region of Taiwan
234	Alta Advisers Limited	2013/8/26	United Kingdom
235	Flowering Tree Investment Management Pte. Ltd.	2013/8/26	Singapore
236	GF International Investment Management Limited	2013/9/26	Hong Kong SAR
237	Mayo Clinic	2013/9/29	United States
238	Guosen Securities (HK) Asset Management Company Limited	2013/9/29	Hong Kong SAR
239	ST Asset Management Ltd	2013/10/18	Singapore
240	Government Pension Fund	2013/10/24	Thailand
241	SeaTown Holdings International Pte. Ltd.	2013/10/30	Singapore
242	CSAM Asset Management Pte Ltd	2013/10/30	Singapore
243	China Life Franklin Asset Management Co., Limited	2013/10/30	Hong Kong SAR
244	The Ford Foundation	2013/10/31	United States
245	UBS Hana Asset Management Co., Ltd.	2013/10/31	Korea
246	Cathay United Bank Co., Ltd.	2013/11/7	The region of Taiwan
247	Bank of Lithuania	2013/11/23	Lithuania
248	Franklin Templeton SinoAM SIM Inc.	2013/11/23	The region of Taiwan
249	CTBC Bank Co., Ltd.	2013/11/23	The region of Taiwan
250	The Washington University	2014/1/23	United States
251	Monetary Authority of Macao	2014/1/27	Macau SAR
252	Stifel Nicolaus & Company, Inc.	2014/1/27	United States
253	NTUC Income Insurance Co-operative Limited	2014/1/27	Singapore
254	Invesco PowerShares Capital Management LLC	2014/1/27	United States
255	European Reinsurance Company of Zurich Ltd	2014/1/27	Switzerland
256	Nordea Investment Management AB	2014/1/27	Sweden
257	Paradigm Asset Management Co., Ltd.	2014/3/11	The region of Taiwan

Continued

No.	Name	Approval Date	Place of Registration
258	Cascade Investment, L.L.C.	2014/3/11	United States
259	Matthews International Capital Management, LLC	2014/3/12	United States
260	Oppenheimer Funds, Inc.	2014/3/19	United States
261	Overlook Investments Limited	2014/4/8	Hong Kong SAR
262	Taishin International Bank	2014/6/3	The region of Taiwan
263	Citigroup First Investment Management Limited	2014/6/16	Hong Kong SAR
264	ASSETPLUS Investment Management Co., Ltd.	2014/7/24	Korea
265	The Bloomberg Family Foundation Inc.	2014/7/25	United States
266	The Rock Creek Group, LP.	2014/7/28	United States
267	Massachusetts Institute of Technology	2014/9/19	United States
268	Viking Global Hong Kong Limited	2014/9/22	Hong Kong SAR
269	Goldman Sachs International	2014/9/22	United Kingdom
270	AXA Fund Management S.A.	2014/10/8	Luxembourg
271	UBS SDIC Asset Management (Hong Kong) Company Limited	2014/12/1	Hong Kong SAR
272	ICBC Credit Suisse Asset Management (Internationa) Company Limited	2014/12/4	Hong Kong SAR
273	CITIC Securities Brokerage (HK) Limited	2014/12/24	Hong Kong SAR
274	Shenwan Hongyuan Asset Management (Asia) Limited	2014/12/30	Hong Kong SAR
275	Trustees of the University of Pennsylvania	2015/1/5	United States
276	GF Asset Management (Hong Kong) Limited	2015/1/7	Hong Kong SAR
277	Munsun Asset Management (Asia) Limited	2015/1/22	Hong Kong SAR
278	E.SUN COMMERCIAL BANK, LTD	2015/2/27	The region of Taiwan
279	China Universal Asset Management (Hong Kong) Company Limited	2015/2/27	Hong Kong SAR
280	The Regents of the University of California	2015/3/25	United States
281	Fullgoal Asset Management (HK) Limited	2015/4/8	Hong Kong SAR
282	Brunei Investment Agency	2015/5/7	Brunei Darussalam
283	Bank of Taiwan	2015/5/20	The region of Taiwan
284	Springs Capital (Hong Kong) Limited	2015/5/20	Hong Kong SAR
285	Allianz Global Investors Taiwan Limited	2015/5/21	The region of Taiwan
286	Essence Asset Management (Hong Kong) Limited	2015/6/2	Hong Kong SAR
287	Jih Sun Securities Investment Trust Co., Ltd	2015/6/2	The region of Taiwan
288	General Oriental Investment S.A.	2015/6/29	Switzerland
289	CCB International Asset Management Limited	2015/7/28	Hong Kong SAR
290	Fidelidade-Companhia de Seguros, S.A.	2015/8/31	Portugal
291	TBP Investment Advisory (HK) Limited	2015/10/12	Hong Kong SAR
292	Eastspring Securities Investment Trust Co., Ltd.	2015/11/2	The region of Taiwan
293	PineBridge Investments Management Taiwan Limited	2015/11/24	The region of Taiwan
294	ABCI Asset Management Limited	2015/11/24	Hong Kong SAR

Table 6 List of QFII Custodian Banks

No.	Name	No.	Name
1	HSBC Bank (China) Company Limited	11	Deutsche Bank (China) Co., Ltd.
2	CitiBank (China) Co., Ltd.	12	DBS Bank Ltd.
3	Standard Chartered Bank (China) Limited	13	China CITIC Bank Corporation Limited
4	Industrial and Commercial Bank of China Limited	14	Shanghai Pudong Development Bank Co., Ltd.
5	Bank of China Limited	15	China Minsheng Banking Corp. Ltd.
6	Agricultural Bank of China Limited	16	Bank of Tokyo-Mitsubishi UFJ (China) Ltd.
7	Bank of Communications Co., Ltd.	17	Industrial Bank Co., Ltd.
8	China Construction Bank Limited	18	Ping An Bank Co., Ltd.
9	China Everbright Bank Co., Ltd.	19	Hua Xia Bank Co., Ltd.
10	China Merchants Bank Co., Ltd.	—	—

Table 7 List of RQFIIs

No.	Name	Approval Time
1	CSOP Asset Management Limited	2011/12/21
2	E Fund Management (Hong Kong) Co., Limited	2011/12/21
3	Harvest Global Investments Limited	2011/12/21
4	China Asset Management (Hong Kong) Limited	2011/12/21
5	Da Cheng International Asset Management Co., Ltd.	2011/12/21
6	China Universal Asset Management (Hong Kong) Co., Ltd.	2011/12/21
7	Bosera Asset Management (International) Co., Ltd.	2011/12/21
8	HFT Investment Management (Hong Kong) Limited	2011/12/21
9	HuaAn Asset Management (Hong Kong) Limited	2011/12/21
10	China International Capital Corporation (Hong Kong) Limited	2011/12/22
11	Guosen Securities (Hong Kong) Financial Holdings Co., Ltd.	2011/12/22
12	China Everbright Securities Financial Holdings Limited	2011/12/22
13	Huatai Financial Holdings (Hong Kong) Limited	2011/12/22
14	Guotai Junan Financial Holdings Co., Ltd.	2011/12/22
15	Haitong International Holdings Limited	2011/12/22
16	GF Holdings (Hong Kong) Co., Ltd.	2011/12/22
17	China Merchants Securities International Co., Ltd.	2011/12/22
18	Shenwan Hongyuan (International) Holdings Limited	2011/12/22
19	CITIC Securities International Company Limited	2011/12/22
20	Essence International Financial Holdings Limited	2011/12/22
21	Guoyuan Securities (Hong Kong) Limited	2011/12/22

Continued

No.	Name	Approval Time
22	ICBC Credit Suisse Asset Management (International) Company Limited	2012/8/7
23	GF International Investment Management Limited	2012/8/7
24	CIFM Asset Management (Hong Kong) Limited	2012/10/26
25	UBS SDIC Asset Management (Hong Kong) Company Limited	2012/12/17
26	Fullgoal Asset Management (HK) Ltd.	2012/12/17
27	LFM Global Investment (Hong Kong) Company Limited	2013/2/22
28	Taikang Asset Management (Hong Kong) Company Limited	2013/3/14
29	CCB International Asset Management Limited	2013/3/25
30	Industrial Securities (HK) Financial Holdings Limited	2013/4/26
31	China Life Franklin Asset Management Company Limited	2013/5/15
32	ABCI Asset Management Limited	2013/5/15
33	China Investment Securities (Hong Kong) Financial Holdings Limited	2013/5/17
34	Orient Finance Holdings (Hong Kong) Limited	2013/5/24
35	ICBC (Asia) Investment Management Company Limited	2013/6/4
36	Hang Seng Investment Management Limited	2013/6/4
37	Taiping Assets Management (HK) Company Limited	2013/6/19
38	BOCHK Asset Management Limited	2013/7/15
39	Nanhua Asset Management (Hong Kong) Corporation Limited	2013/7/15
40	Changjiang Securities Holdings (HK) Limited	2013/7/15
41	Ping An of China Asset Management (Hong Kong) Co., Ltd.	2013/7/19
42	Cinda International Asset Management Limited	2013/7/19
43	Income Partners Asset Management (Hong Kong) Ltd.	2013/7/19
44	HSBC Global Asset Management (Hong Kong) Limited	2013/7/19
45	The Bank of East Asia Limited	2013/8/15
46	SinoPac Asset Management (Asia) Ltd.	2013/8/15
47	BOCOM International Asset Management Limited	2013/8/20
48	China Orient International Asset Management Limited	2013/8/20
49	Value Partners Hong Kong Limited	2013/8/20
50	PineBridge Investments Hong Kong Limited	2013/9/26
51	Chong Hing Bank Limited	2013/9/26
52	JF Asset Management Limited	2013/10/30
53	Mirae Asset Global Investments (Hong Kong) Limited	2013/10/30
54	Shanghai International Asset Management (Hong Kong) Co., Ltd.	2013/10/30
55	China Everbright Assets Management Limited	2013/10/30
56	China Securities (International) Finance Holding Company Limited	2013/10/30
57	Guangdong Securities Limited	2013/12/6

Continued

No.	Name	Approval Time
58	China Galaxy International Financial Holdings Limited	2013/12/11
59	Ashmore Investment Management Limited	2013/12/17
60	UBS Global Asset Management (Hong Kong) Limited	2013/12/19
61	Wing Lung Asset Management Limited	2013/12/30
62	Greenwoods Asset Management Hong Kong Limited	2014/1/10
63	Fortune SG Asset Management (Hong Kong) Co., Limited	2014/1/20
64	Enhanced Investment Products Limited	2014/1/27
65	Macquarie Funds Management Hong Kong Limited	2014/1/27
66	State Street Global Advisors Asia Limited	2014/1/27
67	Galaxy Asset Management (H.K.) Limited	2014/3/6
68	Schroder Investment Management (Hong Kong) Limited	2014/3/6
69	BlackRock Asset Management North Asia Limited	2014/3/11
70	BOCOM Schroder Asset Management (Hong Kong) Company Limited	2014/3/12
71	Yue Xiu Asset Management Limited	2014/3/26
72	Cephei Capital Management (Hong Kong) Limited	2014/3/27
73	Pureheart Capital Asia Limited	2014/4/15
74	China Merchants Asset Management (Hong Kong) Company Limited	2014/5/21
75	FIL Investment Management (Hong Kong) Limited	2014/5/21
76	Nikko Asset Management Asia Ltd	2014/5/21
77	APS Asset Management Pte Ltd	2014/5/21
78	Fullerton Fund Management Company Ltd	2014/5/21
79	Phillip Capital Management (HK) Ltd	2014/6/3
80	Changsheng Fund Management (H.K.) Limited	2014/6/12
81	BlackRock Advisors (UK) Limited	2014/6/13
82	HSBC Global Asset Management (UK) Limited	2014/6/16
83	Qilu International Holdings Limited	2014/6/27
84	Samsung Asset Management (Hong Kong) Limited	2014/6/30
85	New Silk Road Investment Pte. Ltd.	2014/7/24
86	New China Asset Management (Hong Kong) Limited	2014/7/24
87	Masterlink Securities (Hong Kong) Corporation Limited	2014/7/28
88	Guotai Junan Fund Management Limited	2014/8/11
89	Gottex Penjing Asset Management (HK) Limited	2014/8/11
90	AllianceBernstein Hong Kong Limited	2014/8/12
91	Caitong International Asset Management Co., Limited	2014/8/12
92	Yuanta Securities (Hong Kong) Company Limited	2014/8/15
93	Aberdeen Asset Management Asia Limited	2014/8/15

Continued

No.	Name	Approval Time
94	BNP Paribas Asset Management	2014/8/27
95	Investec Asset Management Limited	2014/8/28
96	Carmignac Gestion	2014/9/19
97	DBS Bank Ltd	2014/9/22
98	Lion Global Investors Limited	2014/9/23
99	Rongtong Global Investment Limited	2014/10/8
100	Shinhan BNP Paribas Asset Management Co., Ltd.	2014/10/13
101	Shanghai Commercial Bank Limited	2014/10/13
102	BNP Paribas Investment Partners Asia Limited	2014/10/13
103	CCTIC International Limited	2014/10/31
104	Pictet Asset Management Limited	2014/11/6
105	Hamon Asset Management Limited	2014/11/19
106	Cederberg Capital UK LLP	2014/11/19
107	Baring Asset Management (Asia) Limited	2014/11/25
108	Principal Global Investors (Hong Kong) Limited	2014/11/25
109	Schroder Investment Management (Singapore) Ltd	2014/12/1
110	Mirae Asset Global Investment Co., Ltd	2014/12/4
111	Wellington Management International Limited	2014/12/10
112	The Bank of Nova Scotia Asia Limited	2014/12/12
113	JPMorgan Asset Management (Singapore) Limited	2014/12/24
114	Tong Yang Asset Management Corp.	2014/12/24
115	NH-CA Asset Management Co., Ltd	2014/12/26
116	Total Invest Group Asset Management (Hong Kong) Limited	2014/12/26
117	Dongbu Asset Management Co., Ltd	2014/12/26
118	Hana Financial Investment Co., Ltd.	2014/12/29
119	UBS Hana Asset Management Co., Ltd.	2015/1/5
120	CSAM Asset Management Pte Ltd	2015/1/5
121	BEA Union Investment Management Limited	2015/1/5
122	Generali Investments Asia Limited	2015/1/7
123	GIC Private Limited	2015/1/22
124	Neuberger Berman Singapore Pte. Limited	2015/1/22
125	TRUSTON Asset Management Co., Ltd.	2015/1/22
126	Daishin Asset Management Co., Ltd.	2015/1/22
127	Samsung Asset Management Co., Ltd.	2015/1/22
128	Korea Investment Management Co., Ltd.	2015/1/22
129	Invesco Hong Kong Limited	2015/2/6

Continued

No.	Name	Approval Time
130	MY Asset Investment Management Co., Ltd	2015/2/6
131	Deutsche Asset & Wealth Management	2015/2/6
132	Shinhan Investment Corporation	2015/2/16
133	Keywise Capital Management (HK) Limited	2015/2/16
134	Heungkuk Asset Management	2015/2/16
135	Aviva Investors Asia Pte. Limited	2015/2/17
136	China Construction Bank (London) Limited	2015/2/17
137	Target Asset Management Pte. Limited	2015/2/27
138	KKR Singapore Pte. Ltd.	2015/3/2
139	Vanguard Investment Australia Ltd.	2015/3/2
140	Genesis Investment Management, LLP	2015/3/6
141	UOB Asset Management Ltd	2015/3/6
142	Source UK Services Limited	2015/3/25
143	Lyxor Asset Management	2015/3/25
144	Daewoo Securities Co., Ltd.	2015/3/25
145	Reliance Asset Management (Singapore) Pte. Ltd.	2015/3/31
146	Samsung Life Insurance Co., Ltd.	2015/3/31
147	Kyobo AXA Investment Managers Co., Ltd.	2015/4/2
148	Meritz Asset Management Co., Ltd.	2015/4/8
149	Allianz Global Investors Singapore Limited	2015/4/8
150	Prudence Investment Management (Kong Kong) Ltd.	2015/4/8
151	Samsung Securities Co., Ltd.	2015/4/17
152	GAM International Management Limited	2015/4/17
153	HI Asset Management	2015/5/6
154	OVERSEA-CHINESE BANKING CORPORATION LIMITED	2015/5/6
155	Harvest Global Investment (UK) Limited	2015/5/6
156	Amundi Hong Kong Limited	2015/5/20
157	Insight Investment Management (Global) Limited	2015/5/20
158	Swiss Reinsurance Company Ltd	2015/6/2
159	Dongbu Securities Company Limited	2015/6/25
160	BlueBay Asset Management LLP	2015/6/26
161	ASSETPLUS Investment Management Co., Ltd.	2015/6/29
162	KB Asset Management Co., Ltd	2015/6/29
163	Korea Development Bank	2015/6/29
164	UBS Global Asset Management (Singapore) Ltd.	2015/6/29
165	CI Investment Inc.	2015/6/29

Continued

No.	Name	Approval Time
166	Yuanta Securities Korea Co., Ltd.	2015/7/28
167	Union Bancaire Gestion Institutionnelle (France) SAS	2015/7/28
168	Hanwha Asset Management Co., Ltd.	2015/7/28
169	Daishin Securities Co., Ltd.	2015/7/28
170	Korea Investment & Securities Co., Ltd.	2015/8/10
171	IBK Securities Co., Ltd.	2015/8/10
172	Mirae Asset Securities Co., Ltd.	2015/8/30
173	Samsung Fire & Marine Insurance Co., Ltd.	2015/8/31
174	Amundi Singapore Limited	2015/8/31
175	KDB Asset Management Co., Ltd.	2015/8/31
176	Hermes Investment Management Limited	2015/8/31
177	Amundi	2015/917
178	Kiwoom Asset Management Co., Ltd	2015/9/23
179	Hyundai Investment Co., Ltd.	2015/9/23
180	Industrial and Commercial Bank of China (Europe) S.A.	2015/11/2
181	Bank of China (Luxembourg) S.A.	2015/11/3
182	GF International Asset Management (UK) Company Limited	2015/12/10
183	Ontario Pension Board	2015/12/21
184	Canada Pension Plan Investment Board	2015/12/21
185	Hyundai Securities Co., Ltd.	2015/12/29

Table 8 List of Overseas Securities Institutions with Representative Offices in China

No.	Name	Location of Offices
1	Nomura Securities Co., Ltd.	Beijing
		Shanghai
2	BNP Paribas Capital (Asia Pacific) Limited	Beijing
		Shanghai
3	Merrill Lynch International Inc.	Beijing
		Shanghai
4	CLSA Ltd.	Beijing
		Shanghai
		Shenzhen
5	Morgan Stanley Asia Limited	Beijing
		Shanghai
6	Goldman Sachs (China) L.L.C.	Beijing
		Shanghai
7	Barclays Capital Securities Limited	Shanghai
8	Woori Investment & Securities Co., Ltd.	Shanghai
9	UBS Securities Asia Limited	Beijing
		Shanghai
10	CSC Int'l Holding Ltd.	Shanghai
11	Yuanta Securities Co., Ltd.	Beijing
		Shanghai
12	Hyundai Securities Co., Ltd.	Shanghai

Continued

No.	Name	Location of Offices
13	Masterlink Securities (Hong Kong) Corp. Ltd.	Shanghai
		Shenzhen
		Xiamen
14	Sun Hung Kai Investment Services Ltd.	Shanghai
		Shenzhen
		Guangzhou
15	DBS Vickers (Hong Kong) Limited	Shanghai
16	Sinopac Securities (Asia) Ltd.	Shanghai
17	JS Cresvale Securities Int'l Ltd.	Shanghai
18	DBS Asia Capital Ltd.	Beijing
		Shanghai
19	Mega Capital (Asia) Co., Ltd.	Beijing
		Shanghai
		Shenzhen
20	Citigroup Global Markets Asia Ltd.	Shanghai
21	KGI Asia Ltd.	Shanghai
		Shenzhen
22	N M Rothschild China Holding AG	Beijing
		Shanghai
23	Haitong International Securities Group Limited	Shanghai
24	President Securities (Hong Kong) Ltd.	Shanghai
25	Samsung Securities Co., Ltd.	Beijing
		Shanghai
26	The Hong Kong and Shanghai Banking Corporation Ltd.	Beijing
		Shanghai
27	Naito Securities Co., Ltd.	Shanghai
28	J.P. Morgan Securities (Asia Pacific) Ltd.	Beijing
		Shanghai
29	Société Générale Securities (Hong Kong) Ltd.	Shanghai
30	Asian Capital (Corporate Finance) Ltd.	Shanghai
31	FIL Investment Management (Hong Kong) Limited	Beijing
		Shanghai
32	Daiwa Asset Management (Hong Kong) Limited	Shanghai
33	Credit Swiss (Hong Kong) Ltd.	Beijing
		Shanghai
34	Sumitomo Mitsui Asset Management Company Limited	Shanghai
35	Mizuho Securities Co., Ltd.	Beijing
		Shanghai
36	Fubon Securities Co., Ltd.	Beijing
		Shanghai
		Xiamen
37	Deutsche Bank AG	Beijing
		Shanghai
38	Standard Chartered Securities (Hong Kong) Ltd.	Beijing
		Shanghai
39	Jefferies LLC	Shanghai
40	Okasan Securities Co., Ltd.	Shanghai
41	Martin Currie Investment Management Ltd.	Shanghai
42	William Blair & Company, L.L.C.	Shanghai
43	Schroders plc	Beijing
		Shanghai
44	Macquarie Securities (Australia) Limited	Shanghai
45	Robeco Institutional Asset Management B. V.	Shanghai
46	Chief Securities Ltd.	Beijing
		Shanghai
		Shenzhen
47	Mirae Asset MAPS Global Investments Co., Ltd.	Shanghai
48	Toyo Securities Co., Ltd.	Shanghai
49	Dashin Securities Co., Ltd.	Shanghai
50	Evolution Watterson Securities Limited	Shanghai
51	Shinhan Investment Corporation	Shanghai
52	Tokio Marine Asset Management International Pte. Ltd.	Shanghai
53	Aberdeen Asset Management Asia Limited	Shanghai
54	Aizawa Securities Co., Ltd.	Shanghai
55	SK Securities Co., Ltd.	Shanghai
56	KTB Asset Management Co., Ltd.	Shanghai
57	State Street Global Advisors Asia Ltd.	Shanghai
58	Daiwa SB Investments Ltd.	Shanghai
59	CIMB-GK Securities Pte. Ltd.	Shanghai
60	Interactive Brokers LLC	Shanghai
61	Hua Nan Securities Co., Ltd.	Shanghai
62	Lion Global Investors Limited	Shanghai

Continued

No.	Name	Location of Offices
63	Korea Investment Trust Management Co., Ltd.	Shanghai
64	HI Asset Management Co., Ltd.	Shanghai
65	Daewoo Securities Co., Ltd.	Beijing
		Shanghai
66	First Worldsec Securities Limited	Shanghai
67	Fuh Hwa Securities Investment Trust Co., Ltd.	Shanghai
68	Partners Capital Securities Limited	Shanghai
69	Yuanta Securities Investment Trust Co., Ltd.	Shanghai
70	Nomura Asset Management Hong Kong Limited	Shanghai
71	Yuanta Securities (Hong Kong) Company Ltd.	Shanghai
72	Vining-Sparks IBG, L.P.	Shanghai
73	Aviva Investors Global Services Limited	Shanghai
74	Allianz Global Investors Hong Kong Limited	Shanghai
75	Citigroup Global Markets China Ltd.	Beijing
76	Daiwa Securities Capital Markets Co., Ltd.	Beijing
77	Mitsubishi UFJ Securities Holdings Co., Ltd.	Beijing
78	BOC International Holdings Limited	Beijing
79	Kingsway Financial Services Inc.	Beijing
80	Core Pacific-Yamaichi International (Hong Kong) Limited	Beijing
81	GuocoCapital Limited	Beijing
82	Somerley Limited	Beijing
83	First Shanghai Investments Ltd.	Beijing
84	BMO Nesbitt Burns Inc.	Beijing
85	Mirae Asset Securities Co., Ltd.	Beijing
86	Sumitomo Mitsui Trust Bank, Limited	Beijing
87	RBC Investment Services (Asia) Limited	Beijing
88	BOCOM International Holdings Company Limited	Beijing
89	City Credit Investment Bank Limited	Beijing

No.	Name	Location of Offices
97	Pioneer Investment Management USA Inc.	Beijing
98	Principal Global Investors L.L.C.	Beijing
99	Standard Life Investments Limited	Beijing
100	BNP Paribas Asset Management	Beijing
101	Amundi Asset Management	Beijing
102	INVESCO Asset Management Ltd.	Beijing
103	J.P. Morgan Asset Management Limited	Beijing
104	Wellington Management Company, L.L.P.	Beijing
105	BlackRock Asset Management North Asia Limited	Beijing
106	Natixis Global Asset Management, S.A.	Beijing
107	Russell Investment Group Pte. Ltd.	Beijing
108	Morgan Stanley Investment Management Inc.	Beijing
109	Bridgewater Associates, L.P.	Beijing
110	AXA Investment Manager Paris	Beijing
111	Putnam Investments Limited	Beijing
112	Man Investments (Hong Kong) Limited	Beijing
113	Freedom Investments, Inc.	Beijing
114	Polaris Securities Co., Ltd.	Beijing
115	Hang Seng Investment Management Limited	Shenzhen
116	Fulbright Securities Limited	Shenzhen
117	Yuanta Securities (Hong Kong) Company Limited	Shenzhen
118	President Securities Corp	Xiamen
119	Get Nice Securities Limited	Ningbo
120	Quam Securities Company Limited	Shenyang
121	RBS Asia Limited	Shanghai
122	Templeton International, Inc.	Beijing
123	MF Global Singapore Pte. Limited (Securities Business)	Shanghai
124	Hua Nan Securities Co., Ltd.	Beijing

Continued

No.	Name	Location of Offices
90	CIBC World Market Inc.	Beijing
91	HMC Investment Securities Co., Ltd.	Beijing
92	Brown Brother Harriman (Hong Kong) Ltd.	Beijing
93	Pacific Crest Securities L.L.C.	Beijing
94	Monex, Inc.	Beijing
95	Hana Financial Investment Co., Ltd.	Beijing
96	AGF Management Limited	Beijing
125	Vanguard Investments Hong Kong Limited	Beijing
126	Exane Limited	Shanghai
127	Hyundai Securities Co., Ltd.	Beijing
128	IG Markets Limited	Shanghai
129	Commerzbank AG	Beijing
130	Mirae Asset Global Investments Co., Ltd.	Beijing
131	Million Rich Securities Limited	Shenzhen

Table 9 List of Exchanges with Representative Offices in China

No.	Name	Jurisdiction
1	HK Exchanges & Clearing Limited	Hong Kong SAR
2	New York Stock Exchange LLC	United States
3	NASDAQ Stock Market LLC.	United States
4	Tokyo Stock Exchange, Inc.	Japan
5	Korea Exchange, Inc.	Korea
6	Singapore Exchange Ltd.	Singapore
7	London Stock Exchange plc	United Kingdom
8	Deutsche Börse AG	Germany
9	TSX, Inc.	Canada
10	BM & FBOVESPA	Brazil

Table 10 List of Bilateral MOUs on Regulatory Cooperation

No.	Date	Foreign Regulators	Title of MOU	Place of Signature
1	1993/6/19	Hong Kong Securities and Futures Commission	Memorandum of Regulatory Cooperation	Beijing
2	1994/4/28	U.S. Securities and Exchange Commission	MOU Regarding Cooperation, Consultation and the Provision of Technical Assistance	Beijing
3	1995/7/4	Hong Kong Securities and Futures Commission	Memorandum of Regulatory Cooperation Concerning Futures	Beijing
4	1995/11/30	Monetary Authority of Singapore	MOU on Cooperation and Exchange of Information on Regulation of Securities and Futures Activities	Singapore
5	1996/5/23	Australian Securities Commission	MOU Regarding Securities and Futures Regulatory Cooperation	Canberra

Continued

No.	Date	Foreign Regulators	Title of MOU	Place of Signature
6	1996/10/7	UK HM Treasury, Securities and Investments Board	MOU Regarding Securities and Futures Regulatory Cooperation	Beijing
7	1997/3/18	Ministry of Finance, Japan	Memorandum of Understanding	Tokyo
8	1997/4/18	Securities Commission of Malaysia	MOU Regarding Securities and Futures Regulatory Cooperation	Beijing
9	1997/11/13	Comissao de Valores Mobiliarios, Brazil	MOU Regarding Securities Regulatory Cooperation	Beijing
10	1998/3/4	Commission des opérations debourse, France	MOU Regarding Securities and Futures Regulatory Cooperation	Beijing
11	1998/10/8	Bundesaufsichtsamt fürden Wertpapiemandel, Germany	MOU Regarding Securities Regulatory Cooperation	Frankfurt
12	1999/11/3	Commissione Nazionale per le Societa e la Borsa, Italy	MOU Regarding Securities and Futures Regulatory Cooperation	Rome
13	2000/6/22	Capital Market Authority of Egypt	MOU Regarding Securities Regulatory Cooperation	By courier
14	2001/6/19	Financial Supervisory Commission, Korea	Arrangement Regarding Securities and Futures Regulatory Cooperation	Beijing
15	2002/1/18	U.S. Commodity Futures Trading Commission	MOU Regarding Futures Regulatory Cooperation	Washington D.C.
16	2002/6/27	Romania National Securities Commission	MOU Regarding Securities and Futures Regulatory Cooperation	Beijing
17	2002/10/29	Financial Services Board, South Africa	MOU Regarding Securities and Futures Regulatory Cooperation	Pretoria
18	2002/11/1	Netherlands Authority for the Financial Markets	MOU Regarding Securities and Futures Regulatory Cooperation	By courier
19	2002/11/26	Belgium Banking and Finance Commission	MOU Regarding Securities and Futures Regulatory Cooperation	Beijing
20	2003/3/21	The Participating Members of Canadian Securities Administrators	MOU Regarding Securities and Futures Regulatory Cooperation	By courier
21	2003/5/22	Swiss Federal Banking Commission	MOU Regarding Securities and Futures Regulatory Cooperation	By courier
22	2003/12/9	Indonesian Capital Market Supervisory Agency (BAPEPAM)	MOU Regarding Mutual Assistance and Exchange of Information	Jakarta
23	2004/2/20	New Zealand Securities Commission	MOU Regarding Securities and Futures Regulatory Cooperation	Wellington
24	2004/10/14	Indonesian Commodity Futures Trading	MOU Regarding Futures Regulatory Cooperation	Beijing
25	2004/10/26	Portugal Securities Market Commission (CMVM)	MOU Regarding Securities and Futures Regulatory Cooperation	Montreal
26	2005/6/14	Nigeria Securities and Exchange Commission	MOU Regarding Securities and Futures Regulatory Cooperation	Beijing
27	2005/6/27	State Securities Commission of Vietnam	MOU Regarding Securities and Futures Regulatory Cooperation	Beijing
28	2006/9/15	Securities & Exchange Board of India	MOU Regarding Securities and Futures Regulatory Cooperation	Beijing
29	2006/9/20	Comisión Nacional de Valores of Argentina (CNV)	MOU Regarding Securities and Futures Regulatory Cooperation	Shanghai
30	2006/9/20	Jordan Securities Commission	MOU Regarding Securities and Futures Regulatory Cooperation	Shanghai

Continued

No.	Date	Foreign Regulators	Title of MOU	Place of Signature
31	2006/9/26	Financial Supervisory Authority of Norway (Kredittilsynet)	MOU Regarding Securities and Futures Regulatory Cooperation	Oslo
32	2006/11/10	Capital Markets Board of Turkey (SPK)	MOU Regarding Securities and Futures Regulatory Cooperation	Istanbul
33	2006/11/21	Forward Markets Commission of India	MOU Regarding Commodity Futures Regulatory Cooperation	New Delhi
34	2006/12/6	Emirate Securities and Commodities Authority	MOU Regarding Securities and Futures Regulatory Cooperation	By courier
35	2007/4/12	Securities Exchange Commission, Thailand	MOU Regarding Securities and Futures Regulatory Cooperation	Bombay
36	2008/1/15	Financial Market Authority (FMA), Liechtenstein	MOU Regarding Securities and Futures Regulatory Cooperation	Beijing
37	2008/1/24	Financial Regulatory Commission of Mongolia	MOU Regarding Securities Regulatory Cooperation	Beijing
38	2008/8/8	Russian Federal Financial Markets Service (FFMS)	MOU Regarding Securities and Futures Regulatory Cooperation	Beijing
39	2008/9/27	Dubai Financial Services Authority	MOU Regarding Securities and Futures Regulatory Cooperation	Dubai
40	2008/10/23	Irish Financial Services Regulatory Authority (IFSRA)	MOU Regarding Securities and Futures Regulatory Cooperation	Beijing
41	2008/10/30	Austrian Financial Market Authority (FMA)	MOU Regarding Securities and Futures Regulatory Cooperation	By courier
42	2009/10/6	Spanish National Securities Market Commission	MOU Regarding Securities and Futures Regulatory Cooperation	Basel
43	2009/11/16	Financial Supervisory Commission of The region of Taiwan	MOU Regarding Cross-Strait Securities and Futures Regulatory Cooperation	By courier
44	2010/1/26	Malta Financial Services	MOU Regarding Securities and Futures Regulatory Cooperation	Valletta
45	2010/5/5	Kuwait Stock Exchange Committee	MOU Regarding Securities and Futures Regulatory Cooperation	Kuwait City
46	2010/12/17	Securities and Exchange Commission of Pakistan	MOU Regarding Securities and Futures Regulatory Cooperation	Islamabad
47	2011/3/29	Israel Securities Authority	MOU Regarding Securities and Futures Regulatory Cooperation	Beijing
48	2011/4/7	Qatar Financial Markets Authority	MOU Regarding Securities and Futures Regulatory Cooperation	Beijing
49	2011/9/19	Securities and Exchange Commission of Lao PDR	MOU Regarding Securities and Futures Regulatory Cooperation	Beijing

Continued

No.	Date	Foreign Regulators	Title of MOU	Place of Signature
50	2012/4/24	Financial Supervisory Authority of Sweden	MOU Regarding Securities and Futures Regulatory Cooperation	Stockholm
51	2012/5/17①	Commission de Surveillance du Secteur Financier of Luxembourg	MOU Regarding Securities and Futures Regulatory Cooperation	Beijing
52	2012/5/17	Securities and Exchange Commission of Cyprus	MOU Regarding Securities and Futures Regulatory Cooperation	Beijing
53	2013/8/30②	National Securities and Stock Market Commission of Ukraine	MOU Regarding Securities and Futures Regulatory Cooperation	Beijing
54	2013/9/13	Bank of Lithuania	MOU Regarding Securities and Futures Regulatory Cooperation	Vilnius
55	2013/11/18	Guernsey Financial Services Commission	MOU Regarding Securities and Futures Regulatory Cooperation	Beijing
56	2014/1/20	The Ministry of Finance of the Republic of Belarus	MOU Regarding Securities and Futures Regulatory Cooperation	Beijing
57	2014/2/17	Autoriti Monetari Brunei Darussalam	MOU Regarding Securities and Futures Regulatory Cooperation	Bandar Seribegaw
58	2014/4/9	Jersey Financial Service Commission	MOU Regarding Securities and Futures Regulatory Cooperation	Beijing
59	2014/6/9	Financial Supervision Commission of the Isle of Man	MOU Regarding Securities and Futures Regulatory Cooperation	Douglas
60	2015/3/23	Komisja Nadzoru Finansowego (KNF) of Poland	MOU Regarding Securities and Futures Regulatory Cooperation	Warsaw
61	2015/5/13	National Bank of the Republic of Kazakhstan	MOU Regarding Securities and Futures Regulatory Cooperation	Beijing
62	2015/5/19	State Committee for Securities of the Republic of Azerbaijan	MOU Regarding Securities and Futures Regulatory Cooperation	Beijing

Contacts

China Securities Regulatory Commission

Tel:	010-88061000
Complaint Hotline:	010-66210182
	010-66210166
Website:	www.csrc.gov.cn
Address:	Tower A, Focus Place, No. 19 Jinrong Street, Xicheng District, Beijing 100033
Weibo account:	http://t.people.com.cn/csrcfabu
	http://t.home.news.cn/csrcfabu
	http://weibo.com/csrcfabu
	http://e.t.qq.com/csrcfabu

WeChat account: CSRC Release

Acknowledgments

In compiling this report, we were privileged to work with, and enjoy the support of, a vast collection of contributors. Special thanks go to the following (in alphabetical order of family names) for their input:

Editing group of CSRC annual report 2015

Xu CHEN, Xuewang FAN, Zhong FANG, Wenying FEI, Yu GU, Liang GUO, Jian GUO, Peng HE, Yi HU, Hairui JIANG, Kepeng LIU, Songbin LU, Juan LUO, Chaoping Liu, Meifang SUN, Dan WANG, Pengfei WANG, Weihang WANG, Yini WANG, Jing Xu, Guoxin XU, Xiaojun XU, Guangbin You, Yun ZENG, Lie ZHANG, Liyuan ZHANG, Hecheng ZHANG, Xuqiang ZHAO, Zhi ZHOU

Translation group of CSRC annual report 2015

Shijun DONG, Zhaoan GU, Lixin GUI, Bin QI, Meizhen WANG, Jing XIA, Ran YI, Yu YIN, Wenxiu ZHANG, Jing ZHAO, Qinqi ZHU

We take this opportunity to extend our appreciation to China Financial & Economic Publishing House and Toppan Vite Limited for their assistance in the publication of this report.

We are fully aware that inaccuracies and omissions are inevitable. Please contact us at bgtzyc@csrc.gov.cn for inquiries and comments, or to provide valuable suggestions. Responses will be made in due time.

General Office
China Securities Regulatory Commission
Sep. 2016